JN020794

PRE-STEP
08

プレステップ

宗教学

＜第3版＞

石井研士/著

渡辺利夫/シリーズ監修

弘文堂

は　じ　め　に

　宗教への関心が、先進国、途上国を問わず世界的に高まっています。

　キリスト教やイスラームをはじめ、宗教が生活の中に根付いているだけでなく、政治や経済に及ぼす影響が少なくありません。地域紛争や民族問題でも必ずといっていいほど宗教的要素の存在が指摘されます。宗教はもともと地域や民族と深く結びついた存在です。

　一方で、私たち日本人の生活や社会においては、**宗教への関心や関わりは減少**しているようです。日頃は無宗教を自認する日本人ですが、初詣やお盆などの機会に、神社仏閣で手を合わせ、先祖の供養を行ってきました。しかし、近年は**生活の中の宗教**もしだいに影が薄くなりつつあります。

　ところで、生活の中で具体的に関わることが少なくなっていったにもかかわらず、宗教や宗教団体に関する情報は、私たちの回りに溢れるようになりました。宗教団体の起こした事件は集中報道され、私たちは宗教団体に対する不信感を募らせています。他方で、テレビでは心霊や超能力を扱った番組、あるいはスピリチュアルやパワースポットなどの番組が頻繁に放送され、多くの視聴者を獲得しています。

　どうも、**実生活と情報の間に、宗教に関する大きなギャップ**が存在するようです。

　本書は、**宗教に関する偏見や先入観を排除して、できるだけ正確に宗教の意味や役割を把握**しようとしています。世界の多様な宗教を、**宗教学のキーワード**を通して理解します。

　本書はあくまでも**導入教育**のために作成されています。関心を持った人は、より詳しい他の入門書、各論を扱った書籍、専門書を手にとってください。インターネットにアップされている動画も参考にしてください。

　それでは宗教学の世界にご案内いたしましょう。

石井　研士

東京にある大学の2年生。経済学部に所属しています。地方の出身で、両親、妹、祖母の5人家族です。国際金融に興味を持っており、イスラーム金融や海外での宗教絡みの事件から、宗教に関心を持つようになりました。

アキラくん

東京にある大学の1年生。所属は文学部です。英文学を勉強しています。東京生まれの東京育ちで、家には神棚も仏壇もありません。占いやパワースポットに興味を持っています。自分の専門である英文学に、しばしばキリスト教がでてきたり、登場人物が熱心なクリスチャンであることから、宗教に興味を持つようになりました。

マリエさん

現代社会と宗教を研究する宗教学者。奥さんと子供2人の4人家族。最近ペットのダイナ（雌犬）が死んで、ペット葬や散骨など、現代社会における死の問題に興味を持っています。

石井講師

本 書 の 使 い 方

予習　　講義の前に読んでおいてほしい資料を掲載しました。

QR コード　　本文の欄外にある QR コードをスマホやタブレットで読み込むとインターネット上の動画や資料のページに接続します。外部サイトへの接続は2020年1月現在のものです。URL が変更・削除される場合がありますのでご了承ください。PC から閲覧される際は巻末の URL 一覧をご参照ください。

文献へのリンク　　宗教学の基本となる文献についてコンパクトに解説している『宗教学文献事典』（弘文堂、2007年）などの文献資料を読むことができます。

ワーク
レポートを書いてみよう！　　各章のテーマに関する問題について、ワークやレポート課題が与えられています。自分で解答してみましょう。ワークの解答例は QR コードで参照できます。

はみだしコラム　　宗教の格言、宗教の定義、宗教クイズを載せました。

石井研士著
『プレステップ宗教学＜第3版＞』

● 目 次

第1章

宗教学への招待

宗教とはなんだろう

講師の石井です。宗教は多様で奥の深い文化です。世界の宗教文化を勉強しながら、現在の私たちの宗教状況を考えましょう。きっと現代日本人が抱えている問題を解決する糸口が見つかると思います。

宗教は、人類の誕生とともに生まれ、以後どの時代、どの地域、どの民族、どの社会においても消滅したことがありません。

ある時は建国の理念となり、またある時は国家が分裂する原因ともなりました。多くの人々が救済によって救われましたが、一方では宗教ゆえに迫害や対立が生じることもしばしばです。

近代化によって宗教は影響力を失ったと思われる時代がありましたが、1980年代からは、先進諸国か途上国かを問わず、世界的に宗教が復興したと考えられています。

世界各地で起きている民族問題や地域紛争には色濃く宗教的な要素が見られます。パレスチナ問題はユダヤ教とイスラームの聖地をめぐる争いが根底にありますし、2001年にアメリカで起こった同時多発テロはイスラーム過激派によるものでした。近年、中国で顕著になっているチベット民族やウイグル族といった少数民族の問題にも、背景にはチベット仏教やイスラームの問題が存在しています。

とくに宗教の復興に関しては、いろいろな形でイスラームがかかわっています。イスラームは20世紀後半に「イスラームの爆発」と表現されたように、急速に信者（ムスリム）を増やしていきました。増えた地域はアジアが主ですが、アメリカ、イギリス、フランスなど先進諸国の大都市でも増

図表1　ムスリム人口と人口比

	国　名	人口比(%)	ムスリム人口(千人)	人口（千人）
ムスリムの多い国				
1	モロッコ	99.9	31,918	31,950
2	アフガニスタン	99.7	31,316	31,410
3	チュニジア	99.5	10,428	10,480
4	イラン	99.5	73,600	73,970
5	イエメン	99.1	23,834	24,050
6	スーダン	90.7	30,475	33,600
7	イラク	99.0	31,353	31,670
8	ニジェール	98.4	15,262	15,510
9	トルコ	98.0	71,295	72,750
10	アルジェリア	97.9	34,725	35,470
11	ウズベキスタン	96.7	26,534	27,440
12	セネガル	96.4	11,983	12,430
13	パキスタン	96.4	167,341	173,590
14	エジプト	94.9	76,983	81,120
15	サウジアラビア	93.0	25,529	27,450
16	シリア	92.8	18,940	20,410
17	マリ	92.4	14,202	15,370
18	バングラデシュ	89.8	133,524	148,690
19	インドネシア	87.2	209,167	239,870
20	マレーシア	63.7	18,091	28,400
先進諸国におけるムスリムの割合				
	アメリカ	0.9	2,793	310,380
	ドイツ	5.8	4,773	82,300
	イギリス	4.4	2,730	62,040
	フランス	7.5	4,709	62,790
	イタリア	3.7	2,240	60,550
	スペイン	2.1	968	46,080
	カナダ	2.1	714	34,020
	オーストラリア	2.4	534	22,270
	ロシア	10.0	14,296	142,960
	中国	1.8	24,144	1,341,340
	日本	0.2	253	126,540

Pew Research Center, 2012.12

加していきました（図表１）。難民の流入により、今後いっそうの増加が見込まれます。イスラーム過激派といわれるアルカイダやIS（Islamic State）は、世界的な大問題となっています。

　それでは、日本ではどうでしょうか。世論調査のデータによると、「信仰あり」と回答する人の割合はますます減少し、３割を切るまでになっています。宗教に関心を持つ人の割合も減少しています。宗教を大切だと思う人よりも、「そうは思わない」と回答する人の割合の方が高くなっています。宗教団体に対する信頼や評価も驚くほど低く、アメリカでは８割以上の人が宗教団体を「信頼」しているのに対して、日本ではわずかに２割ほどにとどまっています。

　世界的には宗教が重要性を増していると考えられるのに、なぜ日本では宗教が敬遠され、私たちの生活の中から消えつつあるのでしょうか。それとも伝統的な宗教性が変容して、癒しやヒーリングやスピリチュアルに代わっただけなのでしょうか。

　宗教は精神文化の中核をなす文化です。宗教文化を学ぶことで、現代日本の文化的状況を理解し、私たちの生き方や社会のあり方を考えたいと思います。

予習
あなたはどう思いますか

　次の文章はイギリスのBBCニュースが2002年４月17日に全世界に発信したニュースの一部です。当時イスラエル軍はパレスチナ自治区のベツレヘム聖誕教会を包囲していました。そこへ何も知らない日本人カップルが紛れ込み、２人が座り込んでため息をついている写真が添えられて配信されたのです。

　民族と宗教が複雑に絡み合い、長期間に渡って何度も紛争が起きている地域をガイドブックを便りにうろつく姿は、笑いものになる以前に、命を落とすかもしれない危険な行為だとは思いませんか。しかし私たちに２人を笑う資格はないかもしれません。２人の姿は、宗教を意識せずに生活できるとたかをくくっている大部分の日本人と同じではないでしょうか（文中の「マカノ」はおそらく「ナカノ」の間違いでしょう）。

　木曜日、イエス・キリストの生誕地に向かうべく、ガイドブックに夢中になった２人の旅行者が、知らず知らずのうちに戦争地帯に迷い込んだ。日本人カップルは、ベツレヘムの聖誕生教会が16日間にわたってイスラエル軍とパレスチナ軍のにらみ合う中間地帯に位置しているのに突如気づいて驚愕した。ベツレヘムに住むパレスチナ人は、明らかに戦争下にあるにもかかわらず、マカノ・ユージとガールフレンドのタカハシ・ミナが瓦礫の中を歩いている姿を信じられない面持ちで眺めていた。防弾チョッキを身につけたジャーナリストが彼らを見つけて、建物にあいている銃弾の跡やイスラエルの戦車、道に散在している破片を指し示して、ようやく救出された。

　２人がキリスト教のもっとも聖なる教会のひとつを訪れることを諦めたのはそれからだった。２人はベツレヘム近くのチェックポイントでタクシーを降りて、武装車両の間を歩いていたのだった。マカノはレポーターに次のように話した。「私たちはこの６ヶ月間ずっと旅をしていてテレビも見なかったし、新聞も読まなかったんです。」

世界の諸宗教と信者

　図表2は世界の宗教人口を宗教別に示したものです。国によっては宗教に関する統計調査がないところもありますので、あくまで概算です。

　この統計によると、世界の3人に1人はキリスト教徒で、5人に1人はムスリムです。キリスト教では、信者が多いのはローマ・カトリックで、プロテスタントではありません。

　ヒンドゥ教徒や中国系民俗宗教信徒が多いのは、インドと中国の人口が多いためです。よく知られているユダヤ教徒は、ユダヤ人の人口が少ないために数としては多くありません。

　さて日本人はどうでしょうか。私たち日本人の7割以上が世論調査では「信仰を持っていない」と回答しますし、宗教団体に帰属していることを認める人も1割ほどで少数派です。しかし、日本の常識は必ずしも世界の常識ではありません。図表2によると、「無宗教者（とくに信仰を持っていない）」と「無神論者」は、合計しても15%ほどにしかなりません。

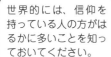

世界的には、信仰を持っている人の方がはるかに多いことを知っておいてください。

資料
世界の宗教人口・
地区別編

図表2　世界の諸宗教の宗教人口 ※1990年から2000年の増加率

宗教人口	信者数	人口比	増加率*
キリスト教徒（合計）	1,999,564,000	33.0	1.36
ローマカトリック	1,057,328,000	17.5	1.29
独立派	387,745,000	6.4	2.49
プロテスタント	342,002,000	5.7	1.44
ムスリム（イスラーム教徒）	1,188,243,000	19.6	2.13
ヒンドゥ教徒	811,336,000	13.4	1.69
無宗教者	768,159,000	12.7	0.83
中国系民俗宗教信徒	384,807,000	6.4	1.02
仏教徒	359,982,000	6.0	1.09
部族宗教信徒	228,367,000	3.8	1.33
無神論者	150,090,000	2.5	0.30
新宗教信者	102,356,000	1.7	1.03
シーク教徒	23,258,000	0.4	1.87
ユダヤ教徒	14,434,000	0.2	0.91
スピリティスト	12,334,000	0.2	1.96
バハーイー教徒	7,106,000	0.1	2.28
儒教信徒	6,299,000	0.1	0.73
ジャイナ教徒	4,218,000	0.1	0.87
神道信者	2,762,000	0.1	-1.09
道教信者	2,655,000	0.1	1.00
ゾロアスター教徒	2,544,000	0.0	2.65
その他の宗教の信者	1,067,000	0.0	1.03
全世界人口	6,055,049,000	100.0	1.41

世界の宗教人口（J.Gordon Melton & Martin Baumann（eds.),
Religions of the World,2002,ABCCLIO）

図表3　信仰の有無の国際比較

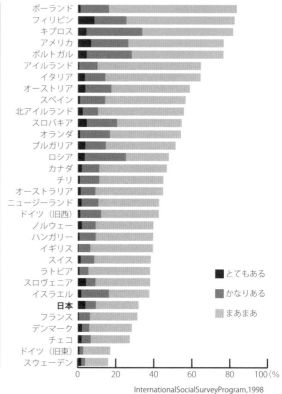

InternationalSocialSurveyProgram,1998

　図表3は「信仰の有無」の国際比較です。図の上から順に国名と「信仰あり」の割合を見ていくと、アメリカのように日本人が身近に感じている国がひじょうに高い割合を示していることがわかります。それに対して日本は32％にとどまっています。

　国際比較を見ると、日本の場合は他にも、礼拝の頻度、宗教団体への帰属、宗教団体の信頼度など、他国と比較して数値がかなり低くなっています。逆に、宗教的指導者が政治に関与することには強い抵抗感の存在することがわかっています。

人類の誕生とともに宗教は存在した

　宗教は、人類の祖といわれるネアンデルタールやクロマニヨンにも見ることができます。とくに**顕著に宗教性が見られるのは、葬送、誕生そして動物**についてです。

　ネアンデルタールが地上に現れたのは、今からおよそ10万年ほど前だったといわれます。ネアンデルタールの埋葬跡のなかには、たんに放置されたり埋められたものではない事例が見られます。体を伸ばした伸葬の事例は成人の男女と4人の子どものもので、頭をきちんと東に足を西に向けて埋葬されています。研究者はこうした埋葬の仕方に意味があると考えています。つまり、東西を向いているのは、朝になって太陽が現れる日の出と日が沈む方向に関係しており、生命の誕生と死を意味しているのではないかというわけです。

　クロマニヨンの事例はもっと複雑です。約2万6000年前にイギリスのゴーツホール洞窟に埋葬された「パヴィランドの赤い婦人」(本当は男性)と呼ばれる遺体と装身具には、オルクムという赤い粘土が塗られていました。遺体の周囲には多くの植物の化石が置かれ、指輪はマンモスの骨で作られていました。研究者は、骨に塗布されていた赤い土は血を表すもので、死後の生命、死者の生き返りと関係しているのではないかと考えています。

　写真上はクロマニヨンが残したヴィレンドルフのビーナス像です。この女性の裸像は妊婦姿で、女性の性器部分が強調されています。豊満な下半身は豊穣を願ったものと考えられ、地母神の一種と考えられています。

　皆さんはフランスのラスコーやスペインのアルタミラの洞窟壁画をご存じだと思います(写真下)。ウマ、シカ、バイソン、サイ、マンモスなどの動物が洞窟の壁面や天上に数多く描かれています。これらの壁画は観賞用に描か

ヴィレンドルフのビーナス像
オーストリアのヴィレンドルフ近くの遺跡で発見された高さ11.5センチの像。旧石器時代に作られた豊穣のシンボルと考えられている。

ラスコーの壁画
フランス南部ラスコーの洞窟で1940年に発見された。約2000の図像が壁や天上に描かれている。

(動画)
ラスコーの壁画
ブラッドショー財団のサイト。

宗教の
格言　束縛があるからこそ、私は飛べるのだ。悲しみがあるからこそ、高く舞い上がれるのだ。逆境があるからこそ、私は走れるのだ。涙があるからこそ、私は前へ進めるのだ。　　　(ガンジー『ガンジー自伝』)

9

踊る呪術師
フランス南部のレ・トロワ・フレール遺跡で発見された旧石器時代の壁画。シャーマンが鹿の角を被って踊っている。

れたわけではなさそうです。ラスコーの洞窟には人間が居住した跡がありません。壁画を描くことで狩りがうまくいくことを願ったり、動物が繁殖することを願う**呪術**的な目的があったのではないかと考えられています。

　左の図は南フランスにあるレ・トロワ・フレール遺跡の洞窟に描かれた有名な人物像です。動物の皮を着て鹿の枝角を被っているように見えます。この人物は、大呪術師もしくはシャーマンと考えられ、頭飾りとして枝角を付ける行為は他の地域のシャーマンにも見られます。彼の行う儀礼によって特別な聖なる力が獲得されると考えられていたのではないでしょうか。

　死後の世界や呪術的な行為は、すでにネアンデルタールやクロマニヨンにもみられることになります。

宗教の歴史

　人間の萌芽的な宗教性は、しだいにより明確な形態を取るようになります。

　古代オリエントでは、それぞれの地域と時代によって多くの神々が存在したことがわかっています。たとえばヒッタイトでは約1000柱の神々、アッシリアでは約2000柱、そしてバビロニアには約3000柱の神々が認められるといいます。多くの神々はパンテオンという階層構造の中に位置づけられています。豊穣性と結びつく儀礼が行われ、宇宙の構造に関する神話がみられるようになります。

　神々は神話、儀礼、書物、建造物、彫刻、絵画、音楽などさまざまな形式で表されました。

バビロニアの天地創造物語

彼に神々の王権を行使する権利を彼らが与えた時、彼らが天と地の神々を支配する権限を彼らは確認した。

「アンシャル」が、彼の名「アサルルヒ」を至高なりと宣言した。

「彼の名が挙げられたなら、我らは敬虔に尊敬いたしましょう。彼が話したなら、神々は拝聴しなければなりません。彼のお言葉は、上にも、下にも、至高でなければなりません。」最も高められるべきは「御子」、我らの復讐者なり、彼の主権をして卓越させよ、競争者のないよう。

彼をして重い頭の者たち、彼の被造物（ひぞうぶつ）を治めさせよ。

世の終わりまで、忘れること無く、彼らをして彼のやり方を称賛させよ。

彼をして彼の父祖のために大いなる食べ物を供養させよ。彼らの差し出す供養の品は、彼らの神殿に仕え奉る。　　（「エヌマエリシュ」『古代オリエント集』筑摩書房）

愛は忍耐強い。愛は情け深い。ねたまない、愛は自慢せず、高ぶらない。礼を失せず、自分の利益を求めず、いらだたず、恨みを抱かない。不義を喜ばず真実を喜ぶ。（『新約聖書』「コリントの使徒への手紙」）

動画
エジプトの
『死者の書』

古代エジプト人が残した最大の聖典『死者の書』は、古代エジプトの葬礼文書です。呪文や賛歌、祈りの言葉が記されており、魂を無事に冥界へと導くための文書です。『死者の書』の内容を知っていれば、悪魔たちの妨害を受けることなく、冥界の神オシリスが審問をする「死者の裁判」に合格できると考えられました。

イギリス南部のソールズベリー平野にストーンヘンジと呼ばれる巨石遺跡があります。新石器時代の紀元前2800年頃に作られたのではないかといわれています。巨石群は中央の聖壇石とそれを囲む三重の列石で構成されています。ストーンヘンジは天文台であるという説を唱える研究者もいますが、祭祀が執行された祭祀遺跡と考えられています。

『ヴェーダ』『ギルガメシュ叙事詩』『ウパニシャッド』『イーリアス』『オデュッセイア』といった書物、ペルーのマチュピチュ遺跡、ゾロアスター教の遺跡、そしてギリシャ、ローマの多神教の世界など、神々は文明の中に明らかな姿を現し始めます。

---

column

もうひとつの『死者の書』

『死者の書』として知られている本がもう1冊ある。チベットの仏教教典で、僧侶が死者の枕辺で読経する。死の瞬間から次の生までの間に魂のたどる旅路である中有の様子を説いて、正しい解脱の方向を教える。NHKスペシャルでも放送され、DVD「チベット死者の書」が出ている。

ヴィレンドルフのビーナスによく似た像が長野県茅野市の棚畑遺跡で発見されています。この縄文時代の土偶がどのように説明されているか、調べてみましょう。(解答例はQRコード)

日本ではとくに宗教を意識しなくても過ごせるけれど、それは世界の常識ではないんだ。一歩海外へ出れば、キリスト教やイスラームをはじめ、宗教が重要だということがよくわかるよ。

どうして日本には信仰のない人が多いんでしょう？　昔からそうなんでしょうか。だとしたら、日本の宗教にはなにか問題があるってことになりませんか？

いいところに気がついたね。宗教には多様な形態、多様な表現があるんだ。そのことを理解していくと、日本の宗教の特性がわかるようになると思うよ。では、まずは神さまの数に注目して考えてみよう。

エドワード・タイラー
Edward Burnett Tylor
1832-1917
イギリスの人類学者。1871年
に発表した『原始文化』でアニ
ミズム論を展開し大きな影響
を与えた。

イギリスのオックスフォード大学で最初の人類学教授になった**タイラー**は、宗教の起源を**アニミズム**（animism）にあると論じました。かつて人類は、人間の中に非物質的でエーテルのような、肉体とは別個の魂というものがあると信じていた、とタイラーは考えました。アニミズムというのは、ラテン語の魂を意味するアニマ（anima）からつくられた概念です。アニミズムは、動植物をはじめとして岩、木、水、風、火など、**ありとあらゆるものがアニマ（霊魂）をもって生きているとする考え方**です。

タイラーは、もっとも原初的な宗教の形態をアニミズムとしましたが、それぞれのアニマが個性を持ち一定の姿をとるようになると精霊（spirit）の観念が生まれてくると説明します。そして精霊崇拝はデーモン崇拝を経て多神教へと進化します。多神教はさらに単一神教、交替神教を経て、最後に唯一神教に達すると述べています。

進化論の影響を強く受けたタイラーの解釈は、現在では認められていません。しかし、アニミズムなどの多様な宗教・神々の形態は興味深いものです。

精霊とは、霊的で人格的な存在ではあるけれども、まだ十分な個性を持っていない霊的存在のことです。タイ族にはピーという精霊がいます。ピーは田畑の霊であり、河川の霊、森林の霊でもあります。また、祖霊、悪霊、魔物、妖怪もピーと呼ばれます。人々は善霊のピーに供養と祭祀を行い、悪霊や厄災から守ってくれることを祈願します。

デーモンは悪鬼、霊鬼と訳されますが、精霊から神に至る途中の段階です。デーモンは悪しき存在として考えられますが、一方では鬼神というように英雄的な側面も持った存在ともいえるでしょう。

多神教（polytheism）は、文字通り多くの神々からなる宗教で、古代の宗教はたいてい多神教です。エジプトの神々もそうしたものの一例です。ヘリオポリス神学によると、天地創造はつぎのようになります。まずヌウという混沌とした状態から、創造神アトゥムが自力で発生します。アトゥムは大気神シューと女神テフヌトを創造し、この男女神から大地神ゲブ、天空女神ヌートが生まれ、さらにこの二神からオシリス、イシス、セト、ネフテュスが生まれました。こうして次々と神々が生まれ出ることになります。

そしてアトゥムに代わって太陽神ラーが創造神とされるようになり、冥界の支配者オシリスとその子ホルスが神々の系譜に加わり、しだいに神々のパンテ

宗教の定義　宗教は間接的にも直接的にも教義としても比喩としても、いまだかつて一つの真理も含んだことはない。というのは、どんな宗教も不安と欲求から生まれたものであるから。（ニーチェ『人間的な、あまりに人間的な』）

オンが築かれていくようになります。エジプトの初代の3人の王は、ラーがその神官の妻に生ませた子とされ、「ラーの子」は王の公式称号となりました。

このように時代の経過とともに神々の間に上下関係が生まれるようになり、多くの神々を従える神々の中の神が現れるようになります。これを**単一神教**（henotheism）といいます。ギリシャ神話では、ゼウス（67頁参照）がそれにあたります。ティタン神のクロノスとレアの子として生まれたゼウスは、三代にわたる王位継承のための戦いに勝利し、他の神族をうち破ってギリシャ神話の最高神となりました。ホメロスは彼の叙事詩のなかでゼウスを最高神として「神々と人間の父」と呼びかけています。

日本神話には八百万の神といわれるように多くの神々が登場します。そのなかで最高神とされるのが天照大神です。天照大神は、伊邪那岐が黄泉の国から帰還し禊ぎをした際に、月読、素戔嗚とともに誕生しました。記紀神話の中心となる天孫降臨の神話では、神々が高天原で協議をし、天照大神の子孫を地上界の葦原中国に天降すことになります。

交替神教（kathenotheism）も多神教ですが、単一神教と違って最高神が時や場所によって変化していきます。古代インドのヴェーダでは、あるときは火の神アグニが、またある時は武勇神インドラが、そしてまたある時は天空神ヴァルナが最高神としてかわるがわる祀られ、賛歌が捧げられているのです。

多神教に対して、神は唯一絶対の存在であるというのが**唯一神教**（monotheism）です。唯一神教は人々の間から自然に生じたものではありません。創唱宗教といって、教祖や預言者が強烈な宗教体験を経ることにより出現することになります。キリスト教でもイスラームでも唯一神教の神は万物の創造者となっています。神はこの世を超えた存在であると同時に、人間の心に働きかける人格神でもあります。

**天 岩屋戸から出てくる
天照大神**
高天原での素戔嗚尊の乱行にたまりかねて天岩屋戸に隠れた天照大神が、外の騒ぎを怪しんでわずかに岩屋戸を開いたところを、手力雄神が外に引き出すと世界はまた照り輝いたという日本神話。

神のいない宗教　有神的宗教と無神的宗教

多神教や一神教などを含めて、神を中心に信仰が行われているような形態の宗教を**有神論**と呼ぶことがあります。他方で、神の存在を否定する宗教的もしくは哲学的学説のことを**無神論**といいます。無神論はしばしば唯物主義と結びついて論じられ、19世紀の経済学者マルクスもこうした宗教観を持っていました。

私がここで述べたいと思っているのは、無神論ではなくて無神的宗教のことです。簡単にいえば「神を立てない宗教」ということになります。世界の

〔引用〕
石井研士『神さまってホントにいるの?』
（弘文堂、2015）

無神論についてニヒリズム、唯物史観、精神分析の観点から解説している。

**宗教
クイズ** 問題：次のうち、イスラームで食べることが禁じられている食物（ハラーム）はいくつあるでしょう?
①学食のビーフカレー　②とんこつラーメン　③お酒　④屋台のやきとり　（正解は次頁）

さまざまな宗教をみると、神を持たない宗教のあることがわかります。「神」といわれると、自分は自覚して信仰を持っているわけではないけれど、ばくぜんと何か崇高なものの存在は信じるとか、「神」ではないけれど、人類に共通の崇高な理念や目的を達成するために真摯（しんし）に生きているとか、こういう生き方も宗教的とはいえないでしょうか。

ジョン・デューイ
John Dewey
1859–1952
アメリカの哲学者・教育学者。経験という概念を核心にすえて、実際的な経験の中で働く考えを重視した。さらにこの考え方にもとづいた教育改革にも従事した。

●無神的宗教としての仏教

無神的宗教の代表は**仏教**です。仏教といっても、いま私たちのまわりにあるご本尊（ほんぞん）をお祀（まつ）りしているような仏教ではなく、釈迦（しゃか）の時代に説かれた**原始仏教**とか**根本仏教**といわれるものです。釈迦が説いたのは中道（ちゅうどう）、八正道（はっしょうどう）、四諦（したい）、縁起（えんぎ）などでした。釈迦は葬儀の必要性を説いたことはありませんし、阿弥陀仏（あみだ）や極楽浄土（ごくらくじょうど）も直接には語りませんでした。釈迦が説いたのは、執着（しゅうちゃく）を捨てて真理を体得すれば、悟（さと）りである涅槃（ねはん）の境地に達することができるというものでした。生老病死（しょうろうびょうし）の苦しみや輪廻（りんね）から抜け出すために、神仏を拝む必要はありませんでした（158-159頁参照）。

●現代の無神的宗教

無神的宗教は釈迦の時代だけのものではありません。現代の無神的宗教は**ヒューマニズムの宗教**ともいわれます。科学が発達し、宗教の説く世界の始まりや人類の創出に関する世界観の信憑（しんぴょう）性が薄らいでくると、既成の宗教団体に対する疑問も湧いてきます。それでも宗教が必要ないかといえば、そうとはいえません。宗教団体とは別の宗教性はいぜんとして必要だと考える人々がいます。

アメリカの哲学者でプラグマティズムを説いた**デューイ**は『誰でもの信仰』という本を書いています。このなかでデューイは、因習化（いんしゅう）・形骸化（けいがい）した伝統宗教に代わって、一人ひとりの人間が心の中で社会的・人類的な理想に目覚めて生きることこそ宗教的なことだと述べています。

エーリッヒ・フロム
Erich Seligmann Fromm
1900–1980
アメリカの精神分析学者。彼が著した『自由からの逃走』(1941) は、自由をキーワードに現代という時代の困難さを指摘した名著とされる。

また、精神分析学者で新フロイト学派の**フロム**は、人間がなんらかの目標に向かって自己を献（ささ）げながら真摯（しんし）に生きるとき、その生き方は宗教的であるといっています。

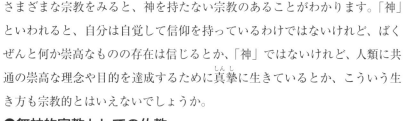

世界宗教と民族宗教

世界の3大宗教⇒158〜163頁参照

世界3大宗教といえば、**仏教**、**キリスト教**、**イスラーム**ということになります。これらの宗教は、長い伝統を持ち、国家、社会、言語、人種、性を超えて世界中に広がっています。他方で、その存在はよく知られてはいるもの

宗教クイズ 正解：4つ。お酒、豚肉や豚エキスはハラームです。豚以外の獣肉もコーランの教えに従って処理されないと食べていい食物（ハラール）になりません。ただし、知らずに食べた場合は許されます。

仏陀（釈迦）
BC463〜383頃（他にも
BC566〜486頃、BC624〜
544頃）

イエス・キリスト
BC 4 〜28頃

の、**ユダヤ教、ヒンドゥ教**、そして**神道**は特定の地域と民族に深くかかわる宗教です。これらを**民族宗教**といいます。世界宗教と民族宗教とを区別して考えることで、宗教はかなり理解することができます。

　第1に、世界宗教と民族宗教とでは**広がっている範囲**が違います。世界宗教は普遍宗教ともいわれ、世界中に広がっています。他方で民族宗教はそれぞれ特定の民族に限定されています。神道は日本人、ヒンドゥ教はインド人、ユダヤ教はイスラエルの民族というように、宗教と民族そしてその生活様式とは一体です。ですから、アメリカ人が神道を信仰したり、日本人がユダヤ教徒になるということは、理論上は可能であっても、実際には困難です。

　世界宗教と民族宗教との相違の第2は、**つながり方**の相違です。民族宗教はその名称のとおり、血縁や地縁といったつながりによって成立しています。ですからこの世における民族の繁栄が中心になります。

　他方で世界宗教は、民族宗教から生まれ、民族宗教の持つ限界を突破します。世界宗教は個人の救済にかかわる宗教で、民族の相違、貧富の差、男女の性、美醜などの世俗的な価値観とは無関係です。基本的に、こうした宗教は、宗教的価値を世俗的価値に優先させます。たとえばイエス・キリストが「神のものは神に、カエサルのものはカエサルに」というように、宗教的価値は世俗的価値と明確に分けられています。仏教では「欣求浄土、厭離穢土」

インドネシアの豚酵素事件

ハラールマーク
ハラールとはイスラームの教えに則った食品のこと

　2001年1月6日、味の素の日本人を含む現地責任者が、製品に豚の成分を使用した疑いで逮捕された。インドネシアの人口の9割はムスリムで、ムスリムが食べることのできる食物かどうかは、インドネシア・イスラム指導者会議（MUI）がイスラームの教えに従って判断している。イスラームの戒律に従えば、ムスリムは豚肉を食べることができない。味の素は1998年に製品の主成分であるグルタミン酸ソーダを作るための材料を変更したが、その材料を作る過程で豚の酵素が使用されていた。味の素の全商品に対して回収命令が出されたが、その後インドネシア大統領が、味の素には「豚の成分は入っていない」との声明を出し、1月11日に逮捕者全員が釈放された。インドネシア・イスラム指導者会議も「ハラール認定（イスラム教徒が食べてもよい印）」を発行した。

宗教の定義 宗教とは、われわれの義務のすべてを神の命令とみなすことである。（カント『倫理学講義』）

といいますが、私たちの住む汚れた娑婆世界を離れて、欣こんで浄土へ行くことを求めます。このように世界宗教は、その本質として現世拒否的な傾向を持っています。

第3の相違は**発生に関する点**です。民族宗教は、その民族の形成の長い時間の中で育まれてきました。民族の生活慣習と密接に関わっています。その意味で民族宗教は自然発生的な宗教ということができます。他方で世界宗教は**創唱宗教**といって、釈迦、イエス、ムハンマドが唱えた宗教です。そこに民族宗教とは異なったオリジナリティがあります。

第4は**組織に関する点**です。民族宗教の場合には、専門の司祭者と俗信徒の区別は明確ではありません。村人が交替で祭祀者を務めることがありますし、宗教集団と政治集団の区別も曖昧です。長老が村の政治的指導者であると同時に、祭りの祭祀者であるということもよくあることです。他方、世界宗教では、一般的に祭祀者は特別な修行を経て特殊な知識を持っている人々で、彼らの行う儀礼によって救済を得ることができると考えられます。

個別に見ていくと、必ずしも以上のような大雑把な分類では理解できない事例もでてきます。とりあえず全体を理解するための手掛かりとしてください。

レポートを書いてみよう！

イギリスのジャーナリスト、ニコラス・ウェイドは「宗教は本能である」といっています（『宗教を生み出す本能』NTT出版、2011年）。今、私たちにとって宗教とはどのようなものなのでしょうか。

参考となる2つの文章を挙げておきます。QRコードに従って、詳しい説明を読んで、レポートを作成してください。

参考1　あなたは宗教についてどのようなイメージを持っていますか。あなたは宗教に関心を持っていますか。あなたは宗教を信仰していますか。

参考2　『広辞苑』や『大辞林』などの辞典、『世界大百科事典』や『ブリタニカ国際大百科事典』などの辞典の「宗教」の項目を読み、比較してみましょう。例として『広辞苑』を引用しておきます。続きはQRコードで読んでください。

資料

『広辞苑』第六版　岩波書店

神または何らかの超越的絶対者、あるいは卑俗なものから分離され禁忌された神聖なものに関する信仰・行事。また、それらの連関的体系。帰依者は精神的共同社会（教団）を営む。アニミズム・自然崇拝・トーテミズムなどの原始宗教、特定の民族が信仰する民族宗教、世界的宗教すなわち仏教・キリスト教・イスラム教など、多種多様。多くは教祖・経典・教義・典礼などを何らかの形でもつ。

宗教ってそれぞれの社会や文化と深いかかわりがあるんですね。いままであまり意識したことがありませんでしたが、宗教の違いを知るのは大事なことだとわかりました。

日本の常識が世界の常識ではないんだよ。むしろ宗教に関して日本人は非常識かもしれないね。コラムでも触れたけど、2001年にインドネシアで豚の酵素を使った調味料を売ったために現地法人の社長が逮捕された事件があったんだ。インドネシアはムスリムが多い国で、ムスリムは食べていいものといけないものをコーランに従って決めている。その文化を理解していれば起こるはずのない事件だった。

子どもたちが大好きなポケモンも、イスラームの教えと対立しているという理由で禁じている国もあるんだよ。

宗教は非常に身近なもので、生活に深くかかわっている。だから、海外へ行ったら宗教のことは絶えず意識して行動しないと、たいへんな誤解を招くおそれがあることを覚えておいてほしい。

なるほど。海外旅行にも行きたいと思っていたし、就職した後も役立ちそうなので、宗教の全体像を理解して、私たちの文化や社会のあり方を考えるときの参考にしたいと思います。

この章の
おすすめ
本

『世界宗教史』 ちくま学芸文庫　全8巻　2000年
ミルチャ・エリアーデ
宗教学者のエリアーデが最晩年に記した大著の宗教史。著名な宗教学者の集大成といえる著作。人類の誕生から現代まで詳述している。宗教がどのように誕生し、そして現在までどのように生成発展してきたかを知りたい人に薦める。
エリアーデ「世界宗教史」『宗教学文献事典』（奥山倫明）

『世界の諸宗教』 教文館　全2巻　1991-2002年
ニニアン・スマート
本書は、イギリスの比較宗教学者スマートが、原始宗教から現代までを、北アメリカ、東南アジア、ラテンアメリカ、ヨーロッパなど、地域の文化や社会との関わりの中で複雑に絡み合う諸宗教を把握しようとした試みである。エリアーデの『世界宗教史』と同様に宗教史であるが、諸宗教に関する豊富な写真や地図、年表などの資料が記載されている。
スマート「世界の諸宗教」『宗教学文献事典』（石井研士）

第2章 祈り
なぜ人は祈るのか

教会前でイースターの祝福を受ける
キリスト教徒

お祈りってどんなときにするかな？

初詣の時くらいかな。受験の時は
神様に合格をお願いしました。

ミッション系の高校だったので、チャ
ペルで神様に祈りを捧げました。でも、
私はキリスト教徒ではないんです。

テレビでイスラームの人たちが礼拝するのを
見たことがありますが、すごいですね。大勢
の人がいっせいにメッカに向かってお祈りす
るでしょう。あれは迫力ありますよね。

メッカのモスクで祈るムスリム

そういえば、広島の原爆慰霊碑や沖縄の
ひめゆりの塔の前では、思わず手をあわ
せてしまいました。あれも祈りですね。

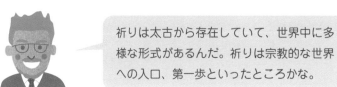
祈りは太古から存在していて、世界中に多
様な形式があるんだ。祈りは宗教的な世界
への入口、第一歩といったところかな。

ジャワのボロブドゥール寺院で祈る
仏教の僧侶

イスラエルの嘆きの壁で祈るユダヤ教徒

一日の無事を神に感謝する米軍兵士たち

ゴールデンテンプルに向かって祈るシーク教徒

（動画）
嘆きの壁

嘆きの壁をライブ中継しているサイト。

（動画）
ゴールデンテンプル

予習
あなたはどう思いますか

　下の引用文は、ベストセラーとなった渡辺和子『置かれた場所で咲きなさい』の一部です。渡辺和子さんのお父様は、二・二六事件で襲撃され命を失った渡辺錠太郎教育総監（当時）です。渡辺さんは数メートルしか離れていない場所で46発の銃弾を浴びて倒れる父親を見たといいます。後に洗礼を受け、現在はノートルダム清心学園の理事長をされています。皆さんは渡辺さんの文章をどのように受け止めますか。

　マザー・テレサがおっしゃった言葉の一つに、「祈りを唱える人でなく、祈りの人になりなさい」というものがあります。これは決して、口に出して唱える祈りを否定するものではなく、祈りに心がこもっているか、祈りの内容が自分の日々の生活に沁み通り、実行されているかどうかを問う厳しい言葉と、私は受けとめました。

　1984年のことでした。マザーは、朝早く新幹線で、東京を発ち広島へ行かれ、原爆の地で講演をなさった後、岡山にお立ち寄りになりました。そして再び夜六時から九時頃まで、三つのグループに話されました。

　通訳をしていて感心したのは、慣れない土地での長旅、数々の講演にもかかわらず、74歳のマザーのお顔に、いつもほほえみがあったことでした。その秘密は、宿泊のため修道院にお連れしようと、二人で夜道を歩いていたときに明かされました。マザーは静かに、こう話されたのです。「シスター、私は神様とお約束がしてあるの。フラッシュがたかれる度に、笑顔で応じますから、魂を一つお救いください」"祈りの人"であったマザーは、何一つ無駄にすることなく、祈ることを実行されていたのです。ご自分の疲れも、煩わしいフラッシュも、神との交流である祈りのチャンスにして、人々の魂の救いに使ってくださいと捧げていらしたのです。

　神は、私たちが痛みを感じる時、それを捧げるもの、神への「花束」とする時、その花束を、単なる祈りの言葉よりもお喜びになるのです。私たちは、とかく、自分中心の願いを"祈り"と考えがちですが、祈りには、痛みが伴うべきではないでしょうか。私も日々遭遇する小さな"フラッシュ"をいやな顔をせず、笑顔で受けとめ、祈りの花束にして神に捧げたいと思っています。

（渡辺和子『置かれた場所で咲きなさい』幻冬舎）

祈りは、どのような宗教でも必ず行われる宗教行為です。あるいは、とくに宗教的だと意識することなく、ごく一般的普遍的に行われる宗教行為です。そのために、祈りの言葉と様式は実に多様です。

> **祈りの定義**
> 人間が神や霊的なものと交流するために行う儀礼のひとつで、もっとも一般的普遍的な宗教的行為である。

諸宗教の祈り

祈りの形式を中心に、イスラーム、仏教、神道の祈りについて見てみましょう。

●サラート（イスラーム）

イスラーム暦12月に行われる大巡礼には、世界中から毎年200万人ほどの巡礼者がメッカに集まります。礼拝を呼びかける声・アザーンが聞こえてきます。周辺を埋め尽くした巡礼者たちがカァバ神殿に向かい、礼拝の導師イマームに従って礼拝を繰り返します。

> **アザーン**（礼拝の呼びかけ）　　　　　　　　　　　　[動画]
> 　　　　　　　　　　　　　　　　　　　　　　　　　　　アザーン
> アッラー　アクバル　アッラー　アクバル（アッラーは偉大なり）
> アシュハド　アッラー　イラーハ　イッラッラー（われ告白す。アッラー以外に神の無いと）
> アシュハド　アンナ　ムハンマダッラスールッラー（われ告白す。ムハンマドはアッラーの使者であると）
> ハイヤ　アラサラー（礼拝に来たれ）
> ハイヤ　アラルファラー（成功の為に来たれ）

ムスリムには守るべき5つの義務（五行）、**信仰告白**（シャハーダ）、**巡礼**（ハッジュ）、**喜捨**（ザカート）、**断食**（サウム）、そして**礼拝**（サラート）があります。礼拝は、日々行うべき儀礼として重要なものです。

礼拝は毎日、体を清浄にした後、正しくメッカの方角に向かって、決められた様式に従い1日に5回行われます。日の出前の礼拝（ファジュル）、正午過ぎの礼拝（ズフル）、遅い午後の礼拝（アスル）、日没後の礼拝（マグリブ）、そして夜の就寝前の礼拝（イシャーウ）です。

モスクに入るときには清めの作法をします。清浄な水を使って両手、局部、口、歯、鼻、頭、右肘、左肘、頭部、耳、首、右足、左足の順で洗います。それから礼拝に入ります。両手を垂らして直立します。次に手を肩まであげて親指を軽く耳に触れながら「アッラー・アクバル」と唱えます。立ったまま

現世の生活は、ただつかのまの遊びごと、戯事（ざれごと）はあだなる飾りなり。（クルアーン）

サラートのしかた

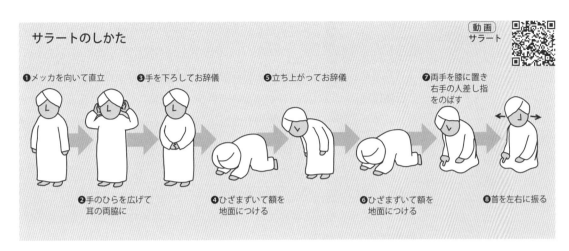

動画 サラート

❶メッカを向いて直立　❸手を下ろしてお辞儀　❺立ち上がってお辞儀　❼両手を膝に置き右手の人差し指をのばす

❷手のひらを広げて耳の両脇に　❹ひざまずいて額を地面につける　❻ひざまずいて額を地面につける　❽首を左右に振る

五体投地⇒111頁参照

手を下腹部にあて、左手を上にして右手に重ねます。「アッラー・アクバル」を繰り返した後、聖典『クルアーン』の第一開扉の章「慈悲深く慈愛あまねきアッラーの御名において……」を唱えます。続いて『クルアーン』の他の箇所と「アッラー・アクバル」を唱えながら体を曲げます。「アッラー・アクバル」を繰り返します。次に両方の手のひらを地につけて正座し、顔を地につけます。以下はこの繰り返しになります。

イスラームに入信するためには、2人以上のムスリムの前で、「信仰告白」（シャハーダ）をすれば、そのときからムスリムになることができます。祈りの言葉は「アッラーのほかに神はなく、アッラーは私たちが仕えるべき唯一の神であることを証言します。また私は、ムハンマドがアッラーの使徒であることを証言します」となります。

●五体投地（チベット仏教）

チベット仏教はチベットで独自の発展を遂げた仏教の一派です。チベット仏教徒は最高の礼拝形式として五体投地を行います。ラサのポタラ宮の前で、多くの巡礼者が五体投地を繰り返します。

五体投地のしかた

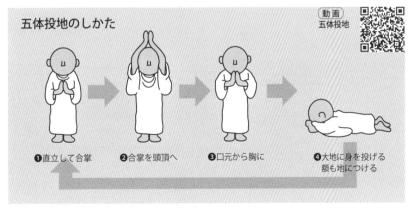

動画 五体投地

❶直立して合掌　❷合掌を頭頂へ　❸口元から胸に　❹大地に身を投げる 額も地につける

宗教の格言 最大の名誉は決して倒れないことではない。倒れるたびに起き上がることである。
（孔子：古代中国の思想家『論語』）

90 度

拝

およそ3秒

45 度

深揖

およそ2秒

15 度

小揖

およそ1秒

（動画）
神社での参拝方法
（神社本庁 HP）

手水の作法、拝礼の作法、玉串拝
礼の作法が紹介されている。

①直立して、胸の前で蓮華合掌した後、そのまま手を頭の上へあげる。②合掌した手を眉間、咽、胸の前と順に下ろす。③両膝と両手を地面に付ける。④額を地面に付ける。⑤立ち上がる。この①〜⑤の動作を繰り返します。

　五体投地は聖地だけで行われるのではなく、聖地にいたる巡礼の途中でも行われます。中国の西寧からラサまでの2000 kmを五体投地しながら進む巡礼者がいます。両膝と両手を地面に付けるだけでなく、完全に体を投げ出します。伸ばした手の先に線を引き、身の丈だけ進みながらラサへと進んでいきます。容易に摩り切れないように厚い羊の皮で作った衣服を着、手にもグローブのような手袋をはめてはいますが、すぐにぼろぼろになります。

●祭式作法（神道）

　初詣に出かける**神社**にも、礼拝の作法があります。まず手水舎で手を洗い口をすすぎます。これは心身を清浄にして神に近づくための象徴的行為です。

　神社での参拝は、通常「二拝二拍手一拝」で行います。

　「拝」は「おがむ」ことを意味し、直立の姿勢から身体を伏して背中が水平になるまで頭を下げる敬礼作法です。拝を重ねることを再拝といい、四拝、八拝と度数が多いほど鄭重とされますが、通常は再拝です。「柏手」は胸の高さに手を合わせてから、右手を少し引き左右に開いて拍ち鳴らします。八回拍つ八開手を長拍手、二拍手を短拍手といい、通常は短拍手を用います。再拝に二拍手、そして一拝を添えたのが、一般的な神拝の作法とされます。

　二拝二拍手一拝は全国の神社で一般的に行われている神拝作法ですが、伝統に則って異なった拝礼を行っている神社も見られます。出雲大社や宇佐神宮では二拝四拍手一拝であり、伊勢神宮の祭祀では八度拝八開手の拝礼を行っています。

　儀礼が重要な意味を持つ神道では、場合に応じて多くの種類の「拝」や「拍」

手水の用い方

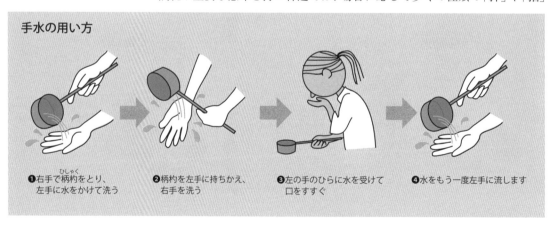

❶右手で柄杓をとり、左手に水をかけて洗う

❷柄杓を左手に持ちかえ、右手を洗う

❸左の手のひらに水を受けて口をすすぐ

❹水をもう一度左手に流します

神道の礼拝の仕方

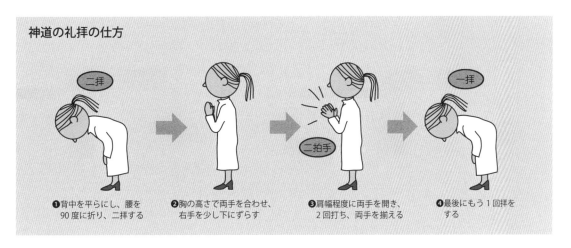

❶背中を平らにし、腰を90度に折り、二拝する

❷胸の高さで両手を合わせ、右手を少し下にずらす

❸肩幅程度に両手を開き、2回打ち、両手を揃える

❹最後にもう1回拝をする

が細やかに規定されました。

　拝は起居の形態によって、坐したままの居拝、跪いた後立ちながら行う起拝、立ったまま行う立拝に分けられます。それぞれ笏の作法に相違があり、男女によっても作法が異なっています。

　度数に関しても、一拝、再拝、四度拝、八度拝、七拝、九拝と機会によって分けて用いられます。

　神道では、こうした礼拝形式の他に、正式参拝といって、拝殿に昇殿して玉串を奉って拝礼する場合があります。現在でも、初宮や七五三、あるいは企業による年始めの集団参拝で見られる形式です（49頁参照）。

玉串の捧げ方

❶右手で玉串の根もとを上より、左手で上部を下より受け取る。胸の高さに、葉先である左を少し高くして持つ

❷小揖をして席を立ち、玉串を奉る案の前まで進み出て深めのお辞儀をする（深揖）

❸玉串を立て、左手を下げて両手で根本を持ち、祈念する

❹さらに回して右手が中ほど、左手が右手の下になるように持ち替える

❺時計回りに根本を御神前に向け、案の上に奉る
❻二拝二拍手一拝で拝礼する
❼最後に深くお辞儀し神前を退く

軽く会釈（小揖）をして拝殿に参入し、正中（神さまの正面）を避けて着席します。参拝に先立って修祓を受けます。神職が祓詞を奏上する間は深い平伏（60度前後）で伏します。神職が大麻で祓う際には浅い平伏（45度前後）の姿勢を保ちます。次に神前に玉串を奉奠します。玉串は榊などの枝に紙垂をつけたもので、幣帛として奉ります。玉串の拝礼には基本的な作法が定まっています。

　参拝作法は、神に対して人間が誠意を表す所作とみなされ、そのために状況に応じた配慮や美しい作法が望まれます。

ためしに五体投地を少しやってみたけど、僕にはとっても無理。体が痛くなっちゃった。

信仰もないのに形式だけまねするからじゃない？　信仰があれば、痛みなんて感じないのかもしれないし、痛みがあることでかえって信仰が強くなるんじゃないかしら。

ますます僕にはできないな。僕には初詣くらいがちょうどいいや。初詣もりっぱなお祈りだよ。手を合わせているときには厳粛な気持ちになるし。

祈りの行為の多様さは、祈りが人類に普遍的に見られる現象であることを示しているんだ。だから洗練された祈りもあるし、みんなが思わず祈る、なんていう素朴なものまでいろいろだね。

祈りの言葉

　祈りは人間が神や霊的なものと向き合うときの対話ともいえます。マルティン・ルターは「祈ることだけで信仰の業になる」と述べています。それゆえに祈りの言葉は古くから世界中で見ることができます。

　代表的な祈りの言葉は、長い歴史を有する諸宗教のものです。キリスト教、仏教、神道の祈りの言葉と意味について考察します。

およそ神道は説きおわつて神道を忘るるが神道なり。（吉川惟足：江戸時代の国学者『中臣祓山内鈔』）

●キリスト教

　もっともよく知られたキリスト教の祈りの言葉は「アーメン」です。「アーメン」はヘブライ語で、旧約聖書では「確かに」あるいは「そうでありますように」という同意を表す言葉です。さらに新約聖書では、イエスが2度「アーメン」を繰り返すことで自分の教えの正当性を主張したり、典礼の集いの中で司式者の祈りに対する会衆の答えとして用いられるようになりました。個人的な祈りや挨拶も最後はアーメンで結ばれるなど、頻繁に使われています。

　他にも「グロリア」（栄光あれ）、「ハレルヤ」（主をほめ讃えよ）など、短いが頻繁に使用される言葉があります。

　カトリックでの重要な祈りに「主の祈り」（主祷文）があります。礼拝などでよく唱えられるお祈りのひとつです。「主の祈り」では、最初の3つの文章で、神の栄光と神の国のための祈願が示されています。人間についての祈願は、神の国と神の義によって方向づけられています。信仰者はあらゆるものを望むのではなく、すでに日常生活の中で必要なものは与えられていると考えます。

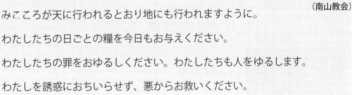

「主の祈り」（日本聖公会／ローマ・カトリック教会共通口語訳）

天におられるわたしたちの父よ、み名が聖とされますように。

み国が来ますように。

みこころが天に行われるとおり地にも行われますように。

わたしたちの日ごとの糧を今日もお与えください。

わたしたちの罪をおゆるしください。わたしたちも人をゆるします。

わたしを誘惑におちいらせず、悪からお救いください。

（動画）
主の祈り
（南山教会）

●仏教

　仏教にはさまざまな宗派が存在し、多様な祈り・教典が見られます。

　浄土宗を開いた法然は、阿弥陀仏の世界に生まれるためには**念仏**（南無阿弥陀仏）を称えるだけでよいとしましたが、他にも『浄土三部経』という『無量寿経』『観無量寿経』『阿弥陀経』という3つの**経典**が読まれます。

　真言宗では、宗派によって相違がありますが、「懺悔」「帰経文」「三帰三竟」「十善戒」「発菩提心」「三摩耶戒」「開経偈」「般若心経」「光明真言」「宝号」「回向」が称えられます。

　『般若心経』は大乗仏典のひとつで仏教の基本聖典です。正確には『摩訶般

摩訶般若波羅蜜多心經

観自在菩薩行深般若波羅蜜多時照見五蘊皆空度一切苦厄舎利子色不異空空不異色色即是空空即是色受想行識亦復如是

舎利子是諸法空相不生不滅不垢不浄不増不減是故空中無色無受想行識無眼耳鼻舌身意無色声香味触法無眼界乃至無意識界

無無明亦無無明盡乃至無老死亦無老死盡無苦集滅道無智亦無得以無所得故

菩提薩埵依般若波羅蜜多故心無罣礙無罣礙故無有恐怖遠離一切顛倒夢想究竟涅槃

三世諸佛依般若波羅蜜多故得阿耨多羅三藐三菩提

故知般若波羅蜜多是大神呪是大明呪是無上呪是無等等呪能除一切苦眞實不虚

故説般若波羅蜜多呪即説呪曰

羯諦羯諦波羅羯諦波羅僧羯諦菩提薩婆訶

般若心經

動画 摩訶般若波羅蜜多心経

若波羅蜜多心経』といいます。天台宗、真言宗、臨済宗、曹洞宗、浄土宗などで広く読まれているお経です。膨大な量の般若経典の神髄といわれ、玄奘が訳した276字の漢訳が一般的に用いられます。

　内容は、観自在菩薩（観音）が般若波羅蜜多（完全なる智慧）の行を修めて五蘊（存在の5つの構成要素）が空（無実体）であると悟ったことから説き起こし、いっさいの存在が空であることを説いています。経中には物質的存在は無実体であり、無実体なるものが物質的存在であることを説いた「色即是空　空即是色」の文言も見られます。

●神道

　神事の際に祭る者が神祇に奏する詞を「祝詞」といいます。「祝詞」は早くも記紀万葉に文字が見られ、その祝詞式には古来朝廷が用いた重要な祝詞20余りが収められています。とくに大祓詞は詞章の荘厳さ、思想の雄大さゆえに中世以降、陰陽道や密教と習合して広まり、祈祷の場において用いられました。また、唱えれば唱えるほどよいとして、百度祓、千度祓、萬度祓が行われました。

　大祓詞の内容は、①序、②皇御孫之命が天降られたこの国中の天津罪国津罪を無くすために祝詞を宣りなさい、③天津国神はその祝詞を聞かれ罪はなくなるように祓い清められる、④祓の四女神が罪を消滅するために受けついで処理される、⑤結、という構成になっています。

 宗教の定義　人間は身体の薬が効かないとわかってから、やっと魂の薬を探しだす。

（フィッツシャルト：ドイツの文学者『詩』）

大祓詞 神拝詞（一部） （神社本庁蔵版より）

高天原に神留り坐す 皇親神漏岐 神漏美の命以て 八百萬神等を神集へに集へ賜ひ 神議りに議り賜ひて 我が皇御孫命は 豊葦原瑞穂國を 安國と平らけく知ろし食せと 事依さし奉りき 此く依さし奉りし國中に 荒振る神等をば 神問はしに問はし賜ひ 神掃ひに掃ひ賜ひて 語問ひし磐根 樹根立 草の片葉をも語止めて 天の磐座放ち 天の八重雲を伊頭の千別きに千別きて 天降し依さし奉りき

【動画】
大祓詞

【資料】
大祓詞全文

祈りの類型と意味

フリードリッヒ・ハイラー
Friedrich Heiler
1892-1967

祈りの現象についてもっとも重要な研究を行ったのは、ドイツの宗教学者**ハイラー**です。ハイラーは**祈り**を諸宗教の中心として位置づけ、原始的、儀式的、ギリシャ文化的、哲学的、神秘主義的、預言的の6つの類型を設けました。

祈りの原初的形態は原始人によるもので、人間の願いに応えてくれる何物かに対する請願です。欲求や畏れから祈りの言葉が生まれ、不幸や危険からの救いを求めて唱えられました。

文明が進むと儀礼的な祈りが現れます。祈りは、**黙祷**や章句の繰り返しなど一定の形式を持つようになり、しばしば呪術的な効果をもつものとみなされるようになりました。祈りは呪文や呪術と混同されています。

原始的な祈りや儀礼的な祈りが哲学的思索によってしだいに倫理化・合理化していくと、より洗練された祈りの形態が生まれます。古代ギリシャの祈りはたんなる請願ではなく、より道徳的な価値観を含んでいます。

ハイラーによれば、祈りの類型の中でもっとも重要な形態は神秘主義的祈りと預言的宗教における祈りです。座禅やヨーガといった修行のなかには、全人格をあげて祈ることで、宇宙の真理の体得や神との合一をめざすものがあります。

宗教の格言　学問と芸術を持っている者は、同時に宗教を持っている。学問と芸術を持たない者は、宗教を持て！
（ゲーテ：ドイツの文学者『温順なクセーニエン』）

神秘主義的な祈りと対極をなすのが預言者宗教の祈りです。人格的な神の意志への熱烈な信仰を特徴とする預言者宗教においては、信仰者は祈ることで魂の救済を求め、神による加護を願います。

岸本英夫⇒120頁参照

祈りは形態から分類することもできます。宗教学者の岸本英夫は、会話型、黙祷型、定形型、集団型の4つに分類しています。この分類には、祈りの言葉を伴わない黙祷型も含まれています。定形型は決まった形式を持つ祈りで、すでに引用した主の祈りや大祓詞は代表的な事例です。

祈りは、個人で行うものから集団で行うものまで、無言で行うものから形式化された定形のものまで、また呪術的な内容から神への感謝まで、じつに多様な意味と形態を持っています。祈りは宗教経験の入口に位置するものであり、きわめて重要なものと考えることができます。

声に出して言うと美人になる、というまじないの本があるらしいね。

本当ですか！　私も知りたいです。女の子っておまじないが好きなのかもしれませんね。恋愛成就の本や雑誌の特集にはけっこういろいろなおまじないが載っていますから。

昔は子どもがケガをして泣いていると「ちちんぷいぷい、痛いの痛いの飛んでいけ」と言ってあやしたんだよ。もともとは「智仁武勇御代の御宝」であるとか、仏教用語の「ちちんぷいぷい七里結界」だったと言われている。これも広義の祈りに通じるかもしれないね。

呪文は声に出して言うとパワーアップするらしいです。お祈りって大事なんですね！

レポートを書いてみよう！

1　以下に引用した岸本英夫の「祈り」の部分を参考にした上で、たとえばユダヤ教、ヒンドゥ教、道教などではどのような祈りの形態と言葉があるか調べてみましょう。

　祈りは、神と、その神を信ずる人との間の、心と心の交りである。神との会話である。しかしながら、祈りが行われるのは、有神的な宗教体系に限る。原則的にいって、神を立てない宗教体系には、祈りは行われない。祈りは、本質的に、そのような限界を持った宗教的行為である。（略）

　祈りを、内容的にみれば、人間のあらゆる種類の意識や意図が、その中にもり込まれる。これは、人間の問題の解決のための、直接的な手段となる神の力に縋（すが）って、願いごとをかなえてもらおうというものである。

（岸本英夫『宗教学』大明堂）

2　現代においても、平和を希求する祈り、事件や事故の慰霊や追悼など、祈りは重要な役割を持っています。その一方で、「祈り」が「宗教的行為」であるとして社会問題化することがあります。2011年に起こった東日本大震災の時に、遺体安置所でお経を唱えようとした僧侶が入室を拒否されたことがありました。特定の宗教だけを認めることは政教分離原則に反するということでした。このように、時として「祈り」は宗教的な行為として、社会問題化することがあります。

　引用文は、小学校で給食を食べる前に合掌して「いただきます」をいうことが、政教分離に反するのではないかと問題になった事例を取り上げています。

　わが子が中学校から持ち帰った「入学のしおり」を読んで、公務員の父親Aさんは疑問を感じた。「日直の仕事」の項にこう書かれてあったからだ。

　《先生の給食を準備する。合掌の号令をかける》

　関西から富山市に引っ越して間もない、一九九六年四月のことだった。こんなことが公立学校で行われていいのだろうか。そう考えて、その市立中学校の校長あてに中止を求める手紙を出した。

　《お忙しい毎日と存じます。富山県内の学校では、給食や宿泊学習の食事の時に「合掌」の号令をかけている場合が少なくありません。しかし、「合掌」というのは元来、仏教の礼拝形式です。これを公立学校で行うことは憲法第二〇条、教育基本法第九条に違反します。号令をかけなくても、「これから給食を始めます。いただきます」「これで給食を終わります。ごちそうさま」と言い換えれば、何ら問題はないでしょう。国際化が進み、県内にも外国からいろいろな宗教的信条を持った子どもたちがきています。ご議論の上、改善していただきますようお願いいたします》

　指摘されているように、滋賀県の北部から新潟県の西部にかけての国公私立の学校では、給食の時間に「合掌」という号令をかけ、いっせいに両手を合わせる作法が広く行われている。初めての指摘だっただけに、困惑した中学校では職員会議を二回開くなどして話し合った。「合掌は宗教でなく、単なる慣習にすぎない。礼儀を教える意味からも、続けるべきだ」という意見もあったが、結局は号令をやめることにした。「価値観が多様化している時代だ。異論が出た以上は、やめた方がいい」という判断だった。その後は、生徒たちは頭を下げたり、合掌したり、それぞれの形で食べ始めている。

（菅原伸郎『宗教をどう教えるか』朝日新聞社）

第3章 儀　礼

なぜ儀礼があるのか

儀礼といえば、大学の入学式はどうだったかな？
これで大学生になったんだという自覚は生まれたかな？

ああいう式って、堅苦しくて長いから苦手です。そもそも大学生
の自覚って入学式で芽生えるものじゃないと思うんですが。

じゃあ、入学式や卒業式はなくてもいいものなのかな？　東日本大震災が起こっ
たのは2011年3月11日だったので、あの年の卒業式や入学式は自粛した学校が多
かったんだ。でもあとで、卒業式がなかったからけじめが感じられなかったと
か、やっぱりやりたかったという話はずいぶん聞いたよ。

最初と最後はけじめですから、式はあったほうがいい
と思います。卒業式のはかま姿にはあこがれます。

儀礼は先史時代を含めて、どの社会でも見られる文化なんだ。
それが現代社会では大切に思われなくなっているのはなぜなの
か、考えてみよう。

國學院大學の入学式

儀礼と神話は宗教的世界を理解するための両輪だと
いわれ、儀礼は宗教的行為によって、神話は言葉とイ
メージによって、聖なる世界を表そうとします。

儀礼の定義
組織的に行われる定型化された宗教行為を宗教儀礼
という。儀礼はまた、聖なるものとの関わりで捉えら
れた宗教行為である。

　歴史社会学者の有本真紀さんが、東日本大震災の年の卒業式の様子を記しています。卒業式は誰でも経験する儀式です。卒業式は、人生の節目として強く意識され、卒業生を中心に多くの人たちが「涙を流す」。ところが有本さんによれば、涙する卒業式は普遍的に見られる現象ではなく、日本に特有の学校文化であるといいます。泣くことを禁じられた学校空間において、なぜ集団で泣くことが望ましいとされるのか、またなぜそうした演出が良しとされたのでしょうか。本章を読みながら卒業式の儀礼としての意味を考えてください。

　この、学校の中で泣くことが望ましいとされる場面、「みんなで泣く」場面を代表するのは、卒業式をおいて他にないだろう。学園ドラマの最終回でも、卒業式シーンが多用される。「涙の卒業式」は学園ものの「お約束」であって、それを欠いたドラマには視聴者から残念だったという感想が寄せられる。フィクションであっても、学校には卒業式が不可欠なのだ。（略）

　実生活での卒業式も、感動や涙と強く結びついている。「感動の卒業式」「涙、涙の卒業式」などの言い回しが、慣用句として流通してもいる。実際には涙のない卒業式があり、少なからぬ児童・生徒が「くだらない」「面倒くさい」と思いながら参加しているとしても、感動と涙を抜きにしては卒業式というものを観念することができないほどである。だからこそ、ネット上に「卒業式で泣けない私はおかしいのでしょうか」と不安が表明されたり、「特に感慨深いこともないのに、場の雰囲気にのまれて泣きそうです。どうしたら涙をこらえられますか」という質問に多くの回答が寄せられたりする。卒業式での涙が全く個々人の意に任せられているものならば、涙に向けられる周囲の目がこれほど意識されることはないだろう。さらに、「卒業式＝涙という方程式ができ上がり、何日も前から「卒業式、泣く？」とか、「いいなあ、○○ちゃんは泣けて」だとか、そんな会話をしているクラスメートたちへの反抗」という書き込みは、卒業式を控えたクラスの会話が「涙の方程式」を前提に展開されていることを象徴的に示している。

（有本真紀『卒業式』講談社）

年中行事と通過儀礼

　私たちはふだんから、日常生活の中で多様な儀礼を経験しています。もっとも関係が深いのは、季節にまつわる儀礼と人生の各段階における儀礼でしょう。

●年中行事

　私たちは、1年間をまったく同じリズムで過ごしているわけではありません。折々に**年中行事**を経験することで、季節の移り変わりを感じ、生命力の更新や減退を確認します。伝統社会で行われていた年中行事の多くは消えていきましたが、それでも正月、節分、雛祭り、端午の節句、七夕、お盆などはいぜんとして盛んに行われていますし、第2次大戦後はバレンタインデーやクリスマス、近年はハロウィンといったキリスト教の行事も一般的になりました（151頁図表4参照）。

　こうした年中行事の大半は、もともとは宗教に関わる儀礼です。一見そうは思えない行事も、もとをただせば宗教と深い繋がりがあります（39頁コラム

年中行事と宗教との関わりについて調べてみよう。 （解答例）

	関わりの深い宗教	本来の意味
正　月		
バレンタインデー		
お　盆		
クリスマス		

参照）。多くの日本人にとっての宗教は、自覚的・意識的な教団活動ではなく、儀礼を中心とした民俗宗教として文化に深く関わっています。そのため、儀礼の内容や変化は重要な研究領域とされています。

　季節の祭りは日本だけではありません。世界中でさまざまな行事が行われています。『金枝篇』を著した人類学者の**フレーザー**は、著書の中で多くの行事を集めています。その中から、春にヨーロッパで広く行われていた「五月祭」の部分を引用してみましょう。フレーザーはこうした祭りは樹木崇拝であると述べていますが、他にも、聖霊降臨祭（キリスト教）、雨呪など、複雑な要素を含んだ祭りであることがわかります。

ジェームズ・フレーザー
Sir James George Frazer
1854–1941

動画
五月祭のボールダンス

五月祭

　ロシアの村人たちは、聖霊降臨祭の前の木曜日に「森林へ入って行って歌をうたい、花環をつくり、樺の若木を伐ってそれに女の衣服を着せたり、色とりどりの細ぎれやリボンで飾ったりする。そうしておいて酒宴をはじめ、それも終ると飾りたてた樺の木をとり上げて、喜ばしげに踊ったり歌ったりしながら村へ持って帰り、ある一軒の家の中にそれを立てて聖霊降臨祭の当日までは大切なお客さまとして置いておく。なか日二日間はそのお客さまのいる家を皆で訪れる。三日目つまり祭りの当日になると彼らはそれを川辺に持って行き、水の中へ投げこんでしまうのである。」そのあとから花環も一緒に投げこんでしまう。このロシアの習慣の中で、樺の木に女の衣服を着せることは、その木が人間扱いされていることを明らかに物語っている。そしてそれを川の中へ投げこむことは、まず雨呪と見て間違いはなかろう。　（フレーザー『金枝篇』岩波文庫）

●**通過儀礼**

　通過儀礼といわれる儀礼があります（36頁参照）。私たちは一生の間に、多くの儀礼を通過していきます。通過儀礼の代表的なものは、安産祈願、初宮、七五三、成人式、結婚式、厄よけ、葬儀、年忌供養などです。人の一生における重要な段階なので人生儀礼ともいいますが、私たちは生まれる前から安

宗教の
定義
すべての信仰に通じる特徴は、不信仰をしりぞける点である。
（ヤスパース：ドイツの哲学者『マルクス批判』）

産祈願、死後も七回忌や十三回忌などの儀礼を受けるので、ここでは通過儀礼という用語を用います。

儀礼の種類

世界には多くの宗教文化と多様な宗教儀礼が存在します。それらは、儀礼の機能や形態、儀礼が行われる機会などに着目して分類することができます。

デュルケム⇒125頁参照

宗教社会学者の**デュルケム**は、儀礼を聖なるものとの関わり合い方に着目して、**消極的儀礼**と**積極的儀礼**に分けました。

●消極的儀礼

消極的儀礼とは「○○をしてはいけない」というタブーを中心とした儀礼です。消極的儀礼はさらに２つに分けることができます。ひとつは、聖域に入ってはいけない、聖なるものに触れてはいけないといった儀礼で、タブーを犯して危険に遭うことを避けるための儀礼です。

いまひとつの消極的儀礼は、俗なるものとの接触を断つという儀礼です。神社の神主は、お祭りの前に水垢離をとり、精進潔斎します。この儀礼は、俗なるものとの接触を断つ儀礼であるとともに神に近づくための準備で、たんに俗なるものを拒否することとは違います。この儀礼は、次に説明する積極的儀礼への準備段階として位置づけられるものです。精進潔斎をした神主は、お祭りで神に仕えることになります。

清いものと不浄なもの

1943年から57年にわたって内掌典として宮中に仕えた高谷朝子さんは、宮中での清いものと不浄のものとの区別を次のように記しています。ちなみに内掌典とは、皇居に住み、宮中三殿を中心とする皇室祭祀に奉仕する女性の役職です。

「清浄でないことを賢所では「次」と申します。身体の下半身に手が触れました時や、足袋など履き物を扱います時、財布（お金）に触れました時、外から受け取る郵便物や書類、宅配便などを受け取りました時など、このような場合には手が「次」になります。「次」になりました時は、必ずまず手を清まし（洗い）て清めます。……「次」になりました手は、水や、時に応じて、おしろもの（お塩）をかけて清めることによって清浄になり、「清」となります。……その清めます時にも、候所、仕舞所、お湯どの、お清所の水道栓は清いので、「次」の手では直接触れることができません。清める時には次になりました手の平が触れることのないように握りこぶしにして手の甲で栓をひねって水を出します。」（高谷朝子『宮中賢所物語　五十七年間皇居に暮らして』ビジネス社）

●積極的儀礼

積極的儀礼は、神や聖なるものとの結合を求める儀礼で、デュルケムは、積極的儀礼の典型として供犠を挙げています。供犠とは神に生け贄を供える宗教儀礼です。動物を供犠として神に捧げる儀礼は、聖なる世界と俗なる世界を結びつけ、社会の統合を増す機能があると考えました。

宗教の格言　人間は創造主の唯一のミステークである。（ギルバート：イギリスの劇作家『王女アイーダ』）

ヌエル人の供犠

ヌエル人が生贄として捧げる動物には、山羊や雌羊があり、供物として用いられる穀物には、とうもろこしやきびなどがあるが、一番重要なのは、雄牛または去勢牛である。ほとんどすべての供犠は、一定の儀式の順序に従って施行される。まず第一は、土に杭を打ち込んで、動物をその杭に繋ぎ留める行事（pwot）がある。次に生贄の動物を聖別する意味で、その動物に灰を擦り付ける行事（buk）がある。さらに、祭式執行者が、右手に槍を持ち、聖別された犠牲の上の方に居る「精霊」に向かって祈祷する行事（lam）がある。最後に、動物を奉納ないし奉献する行事（kam yang）がある。去勢牛の場合、その右の脇腹を槍で突き刺すが、突き刺し方が非常に上手なので、普通の場合だと生贄にされた動物は右の方へ倒れて数秒のうちに死ぬ。その後で犠牲の肉は切り分けられ、村中の人々がこれを食べる。　（W.R.コムストック『宗教　原始形態と理論』東京大学出版会）

　この他にも、儀礼が行われる目的によって、農耕儀礼（農業に関する儀礼）、治療儀礼（病気を治すために行われる儀礼）、戦争儀礼（勝利を願うために行われる儀礼）に分類できます。またこれらの儀礼が豊穣力や生命力を強化するための儀礼であるとして、強化儀礼という用語もあります。

　また儀礼が行われる機会に着目して、**通過儀礼**、**年周儀礼**（年中行事や農耕儀礼など周期的に行われる儀礼）、**危機儀礼**（雨乞い儀礼や治癒儀礼などの儀礼）といった分類も可能です。儀礼は分析視点によって複数の分類が可能ですが、実際に儀礼が行われる際には、たったひとつの儀礼だけが行われることはなく、儀礼の複合的な構成として全体が成り立っています。それゆえに複数の機能や目的を持っていることも少なくありません。

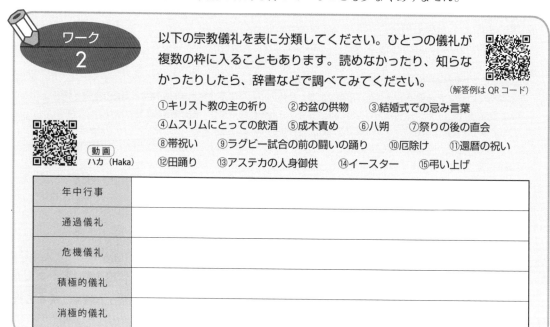

ワーク2　以下の宗教儀礼を表に分類してください。ひとつの儀礼が複数の枠に入ることもあります。読めなかったり、知らなかったりしたら、辞書などで調べてみてください。

（解答例はQRコード）

【動画】ハカ（Haka）

①キリスト教の主の祈り　②お盆の供物　③結婚式での忌み言葉
④ムスリムにとっての飲酒　⑤成木責め　⑥八朔　⑦祭りの後の直会
⑧帯祝い　⑨ラグビー試合の前の闘いの踊り　⑩厄除け　⑪還暦の祝い
⑫田踊り　⑬アステカの人身御供　⑭イースター　⑮弔い上げ

年中行事	
通過儀礼	
危機儀礼	
積極的儀礼	
消極的儀礼	

大学生にとって大きな通過儀礼に成人式があるね。

僕は今年の1月に成人式に参加しました。地元へ帰ったので、高校時代の友だちとの同窓会もありました。しばらくぶりだったので、とっても盛り上がって楽しかったな。

私は来年20歳になります。成人式には振り袖を着て、写真をたくさん撮って、いい思い出を作りたいと思っています。

一生に一度のことだから記念に残したいよね。じゃあ、20歳になったら、もう大人だという自覚はあるのかな？

正直言って、成人式を終えたからって、すぐに大人という自覚はないですね。まだ大学生ですから。社会人になって給料をもらうようになれば、少しは大人という感じがするのかな。

左のグラフによれば、60歳以上でも「大人」の自覚がある人は8割に満たないことがわかります。価値観やライフスタイルが多様化した現代社会では、大人になることもなかなか難しいようです。

図表1　自分が「大人」であると思うか否か

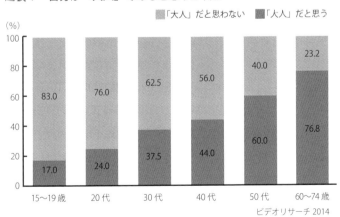

■「大人」だと思わない　■「大人」だと思う

（%）	15〜19歳	20代	30代	40代	50代	60〜74歳
「大人」だと思わない	83.0	76.0	62.5	56.0	40.0	23.2
「大人」だと思う	17.0	24.0	37.5	44.0	60.0	76.8

ビデオリサーチ 2014

儀礼の構造と機能

アルノルト・ファン＝ヘネップ
Arnold van Gennep
1873–1957
オランダ系の民族学者。西ドイツで生まれフランスで教育を受けた。大学で数年間にわたって講義したが、辞職し寄稿や講演で過ごした。『通過儀礼』はファン＝ヘネップの学問上の位置を確固たるものとした。

儀礼研究において、その後の研究に大きな影響力を持った研究書があります。ドイツ生まれのオランダ人、**ファン＝ヘネップ**が著した『通過儀礼』（1909年）という本です。

ファン＝ヘネップは、「いかなる形態の社会でも、個人を限定された状態から、他の同じく限定された状態に通過させるという同一の目的をもった儀礼が存在する」と考えました。私たちの生涯は生理的に見れば連続しています。生まれて、だんだんと大きくなり、やがて老いて死んでいきます。しかしながら社会的事実としては、子どもの状態から成人して大人になり、老人となって社会の一線から退きます。あるいは未婚の状態から結婚することで、既婚者になります。

ファン＝ヘネップは、比喩的に、社会とはたくさんの部屋をもった家屋のようなものではないかと考えました。ある時が来ると、ひとつの部屋から他の部屋へ移っていきます。移るときには、敷居や入り口を通過して次の部屋へ進まなければなりません。その通過を祝い、あるいは、新しい地位に移る不安を和らげようとする儀礼が通過儀礼であると考えました。

さらにファン＝ヘネップは、通過儀礼は３つの過程を持ったものであると説明しています。それは、分離・過渡・統合という過程です。通過儀礼が集約的に表されている儀礼に**成年式（イニシエーション）**があります。イニシエーションを例にして、儀礼の３つの過程を説明してみましょう。

子どもと大人の区別がはっきりしている社会では、大人の仲間入りをするために、ひじょうに厳しい儀礼が課されることが多いようです。現在ではすっかり遊園地のアトラクションのひとつになってしまったバンジージャンプも、もとを正せば太平洋の島国バヌアツの成人儀礼です。20ｍを超える櫓（やぐら）から、ツタを両足に結んで地面に向かってダイビングします。ツタが伸びきり、頭が地面すれすれに着くか着かないかというダイビングが良いとされます。こうして勇気を示すことによって、はじめて一人前の男性として認められ、女性の愛を獲得することができるのです。私は、ツタが切れて落下した男性の映像を見たことがあります。大人になるのは本当に命がけです。

次にパプアニューギニアのサオス族のイニシエーションを見てみましょう。パプアニューギニアのサオス族は、何年かに一度「血の成人式」と呼ばれる儀式を行います。サオス族では、何歳になったら大人であるという決ま

バヌアツの成人儀礼ナゴール
（バンジージャンプ）

（動画）
バンジージャンプ

宗教の格言　戦場において数千の敵に勝つよりも、ひとつのおのれに克つ人こそ最上の戦士である。（釈迦『法句経』）

血の成人式
麻酔効果のある草カバワラを噛む若者に、大人たちがカミソリで傷をつけていく。かつてはカミソリではなく竹ヘラを用いていたという。

体中にワニの文様を入れ終わった若者の体を水で洗う。激痛が走り気を失う若者もいる。

【動画】
サオス族のイニシエーション

＊血の流れる映像が含まれますので苦手な方はご注意ください。

【動画】
野沢温泉の道祖神祭

エドマンド・リーチ
Sir Edmund Ronald Leach
1910–1989

ターナー⇒113頁参照

りはありません。自分が大人になりたいと思ったときがその時です。しかし、大人の仲間入りをするためには「血の成人式」を受けなければなりません。

　成人式を受ける子ども・青年は、儀式を前にして母親との最後の夕食をともにします。成人したら、以後、母親といっしょに食事をすることはできません。儀礼の当日、川で体を清めてから、全身にカミソリで800から1000か所、ワニの模様に見えるように傷をつけていきます。儀礼を受ける者は麻酔効果のあるカバワラという草を噛んで激痛に耐えます。ワニの模様を身体につけるのは、彼らの先祖がワニであり、ワニが彼らの神だからです。ワニになることで、特別な力を獲得し、大人の仲間入りをすることができるようになります。体から流れる血は母親の血で、これで一人前の男になったとみなされています。

　激痛に耐えた若者は、幼名を捨てて新しい名前をもらいます。精霊の家と呼ばれる成年男性しか入ることのできない家に入ることを許され、特別な知識を与えられます。大人としてワニ狩りにも参加できます。一般的には、成人式を済ませないと、結婚することはできません。

図表2　儀礼の三段階

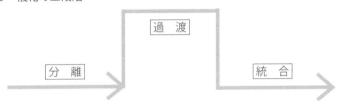

　かつては日本でも、厳しい修行が課される成人式が行われていました。山形県の山村では、初まいりといって15歳になると出羽三山に登山する習慣がありました。出羽三山は山伏が修行する修験道の山として有名です。若者たちは先達に連れられて行屋に泊まって水垢離をとり、精進潔斎を済ませてから険しい峰々を次々に巡っていきます。登山が終わると行人と呼ばれ、一人前とみなされます。これで葬式組にも入れますし、村の行事の八日講にも参加することができます。

　儀礼の構造分析は、ファン＝ヘネップによって格段の飛躍を遂げました。人類学者の**リーチ**は、儀礼には（1）形式性、（2）乱痴気騒ぎ、（3）役割転換の3つのタイプがあり、乱痴気騒ぎは儀式張った形式性を壊し、日常を逆転させていると述べています。同じく人類学者の**ターナー**は、ファン＝ヘネップのいう過渡の過程に注目しました。過渡の過程では、若者たちは、すでに

宗教クイズ 問題：次にあげる食品をすべて食べてはいけない宗教はなんでしょう？　（正解は次頁）
イカ、エビ、貝、クジラ、豚、ダチョウ、チーズバーガー、レバーソーセージ

子どもではなく、いまだ大人ではないという中途半端な状態に置かれます。この短い期間に、日常的秩序は一時的に崩壊し、新しい構造を生み出す創造的な力が生まれると指摘しています。

ワーク
3

儀礼の三段階は、イニシエーションだけでなく、他の通過儀礼にも適応できます。結婚式と葬式について、ファン＝ヘネップの設けた三段階にそって記述してみましょう。（解答例は QR コード）

	分　離	過　渡	統　合
結婚式			
葬　儀			

儀礼の意味

ミルチャ・エリアーデ
Mircea Eliade
1907-1986
陸軍将校の息子としてルーマニアに生まれる。宗教学者。パリ大学、シカゴ大学で教鞭をとった。『永遠回帰の神話』『聖と俗』など、彼の著作は宗教学に多大な貢献をした。作家として小説も執筆している。

　リーチやターナーの分析は、たんに儀礼の構造を分析しただけでなく、儀礼における象徴の問題を重視し、儀礼の意味について論じています。ここではイニシエーションの意味について、宗教学者の**エリアーデ**の分析を参照することで、儀礼が有する文化的意味を考えることにしましょう。
　エリアーデによると、イニシエーションの目的は、加入させる人間の宗教的・社会的地位を決定的に変更することにあります。イニシエーションによって、幼年時代の無知と俗的状態が終焉します。子どもとしての幼年時代を死ぬことなしに大人になることはできません。イニシエーション的試練の大部分は、復活もしくは再生を伴う儀礼的な死を意味しています。
　エリアーデは次のように説明しています。

　イニシエーションにおける「新生」とは、ときとして産科的象徴で表現されるとはいえ、自然のものではない。この誕生は超自然者によって制定された儀礼を要求する。だから神わざであり、超自然者の力と意志によって創られたものである。……第二次の、イニシエーション的誕生は最初の、生物学的な誕生をくりかえすのではない。成人式を通過した存在様式に達するためには、自然の一部としてではなくて超自然者の、したがって、神話に保存された聖なる歴史の伝記の一部なる真実在を知ることが要求されるのである。
（エリアーデ『生と再生―イニシエーションの宗教的意義』）

　子どもとして死んで、大人として再生することは、より高い存在様式に生まれ変わることを意味しています。それは同時に、この世が創世の状態に回復され、神々が天地の始めの時に行ったしぐさが再現されることを意味しま

宗教
クイズ
正解：ユダヤ教。旧約聖書の「レビ記」にもとづいた厳密な決まりがトーラーにも書かれています。ヒレとウロコのない水棲生物、血液、肉と乳製品を同時に使った料理も食べることができません。

す。社会と全宇宙は、かつてそうであったように、純粋にして強力な可能性へと戻ることを意味しています。

現代における儀礼

ところで、現在の日本の若者は、いつ、どのようにして大人になるのでしょうか。毎年1月には行政によって成人式が行われています。満20歳をもって成年とすることが定められたのは明治9年の太政官布告によるもので、以前は多く13歳から15歳前後に行われていました。現在は20歳になると公職選挙法に基づく選挙権を取得し、民法上の婚姻の自由、取引の自由が発生します。そして未成年者飲酒喫煙禁止法の適用を免れることになります。ほんらい成人式は、子どもが社会の構成員となったことを本人と社会が認識する儀礼ですが、現在の成人式には、死と再生という象徴的な意味は見られず、必ずしも「大人」になったことが社会的に承認される機会でもありません。大人になったかどうかは、個人の自覚に任されています。

エリアーデは「近代世界の特色の1つは、深い意識を持つイニシエーショ

年中行事

民俗学者の柳田国男（87頁参照）が監修した『民俗学辞典』によれば、年中行事は「年々同じ暦時がくれば、同じ様式の習慣的な営みが繰り返されるような伝承的行事を言う」と定義されています。そして年中行事は、ただ個人が年々歳々繰り返す行事ではなく、「家庭や村落・民族など、とにかくある集団ごとにしきたりとして共通に営まれるもの」を意味しています。それゆえに年中行事は、当該の集団に行事の実践を強制する拘束力を持っていることになります。人々は1年間の生産過程、とくに農耕生活の折り目や節目に「日常態を区切って、正月・盆・節供その他のように、平常のなりわいを休んで特殊な行事を行う」ことになります。年中行事は明らかに社会の節目であって、ケガレを断った「ハレ」の日であると『民俗学辞典』には記されています。

そして、柳田が「セック」を漢字で表すときに「節句」とするのはおかしな当て字であり、神々や先祖の霊に対して供えられる食物を表す「供」を用いた「節供」が正しいと強調したように、年中行事は本来神祭であって、「家々で神をまつるべく静かに忌みつつしんで籠り、神供を設けてこれを人々相共にいただく」ことを中心に成り立った行事でした。

戦後、地域社会の紐帯が急速に壊れていき、家族の絆も不安定になりつつある現在、年中行事の意味も具体的な祝い方も大きく変化しました。

ン儀礼が消滅し去ったことだ」と述べています。また、「近代人の持つ斬新さとは、まさしく、みずからを純粋歴史的存在と認めようとする決意と、根本的に非聖化された宇宙に生きようとする意志にかかっている」とも述べています。

皆さんはどう考えますか？

儀礼の構造は難しかったけど、儀礼は形式だけのものではなさそうですね。儀礼には隠された意味があって、だからこそ長い間続いているわけですね。

今の成人に当たる昔の行事を調べてみたけど、けっこうたいへんですね。大きな旗を持って村中を歩くとか、山中を何日間も歩いた上に燻（いぶ）されるとか、意義はわかるけど、僕だったら、やれといわれてもとてもできそうにありません。

外見はつらそうに見えても、実際にやってみると「やってよかった」と思えた経験はないかな？　何かをやり遂げて、家族や帰属している集団、あるいは地域社会の中で認めてもらえたときに、自分の中で変わったと思えることがあるよ。大人になることが個人の自覚に任されていたり、法律上の権利義務だけに限定されているようでは、そもそも日本社会自体が大人になれないんじゃないかと思わない？

この章の
おすすめ

本

『通過儀礼』　　弘文堂　1995年
アルノルト・ファン＝ヘネップ
本書でもあちこちで引用されていますが、宗教学を学ぶ時の基本的文献のひとつです。まず『通過儀礼』を読んでから、関心のある人は、リーチ『人類学再考』（思索社、1990年）、ターナー『儀礼の過程』（新思索社、1996年）と読み進んでください。

ファン＝ヘネップ「通過儀礼」『宗教学文献事典』（嶋田義仁）

『生と再生—イニシエーションの宗教的意味』　　東京大学出版会　1995年
ミルチャ・エリアーデ
エリアーデは、イニシエーションを主著『聖と俗』でも扱っていますが、本書では、部族の儀式からキリスト教まで具体的な事例を踏まえて論じています。日本人の儀礼に関しては、『暮らしの中の民俗学』（吉川弘文館）が読みやすいでしょう。3冊のシリーズで、「一日」「一年」「一生」と分けて多様な儀礼を論じています。

レポートを書いてみよう！

① 　儀礼は神話とともに宗教現象を構成する重大な要素のひとつです。他方で、儀礼はしばしば形式的とも関わるものです。

参考1　宗教学者のウィリアム・ペイドン『比較宗教学』の説明を読んで、あらためて「儀礼」とはどのような意味を持つものか考察してください。

　一般大衆の用語法から見たところでは、儀礼は、しばしば何らか機械的な、型にはめこまれたようなものを意味する。ある辞書は、儀礼とは「定められた規則によって記された行動」であると述べている。
　神話についての一般大衆のステレオタイプと同じように、儀礼についての文化的偏見に基づくこれらのイメージは、宗教研究を混乱させ、阻害する。神話についてと同じように、儀礼についてのエスノセントリックなイメージをのりこえて、儀礼固有の構造、機能、言語をより深く理解する必要があることに、多くの人々が気づいてきた。宗教行動は、操作的な呪術や呪術的な規格化の概念だけに押し込めることは、できないのである。
　行動と儀式の概念は、宗教の比較研究において、新たに中心性を持つことになった。かつては、教義が、主たる焦点だった。ある宗教についてもっとも大切なものは、その信仰だった。しかし、重点の置き方が、変わってきた。いまや、儀礼と行為が、それら自体の独自性を持つ表現様式であることが、よりよく理解されている。その他の何ものであるにせよ、聖なるものは、実演されるものなのである。

（ウィリアム・ペイドン『比較宗教学』東京大学出版会）

参考2　キリスト教や仏教など、特定の宗教団体に入信するための儀礼を調べて、その方法や意味を比較してみましょう。

② 　現在日本では、結婚式を行わなかったり葬儀を簡略にするなど、儀礼文化の衰退が見られます。あなたはこうした儀礼のあり方についてどう思いますか。

参考3　お正月のめでたさの変化について、筆者のコラム「正月はテレビの中からやってくる」を参考にして考えてください。

引用

　お正月はお盆とともに、日本人がもっとも宗教的になる時期である。暮れのクリスマスから大晦日を迎える頃になると、多忙な現代日本人の間にも、一年が終わるという感慨が拡がってくる。明けて新年を迎えると、大勢の人々が初詣に神社やお寺へ参拝する様子がテレビで映し出される。しかしながら、今も昔も変わらないかのように見える光景も、実は、テレビが映しだす虚構であるかもしれない。（略）
　我々の生活が自然のリズムから切り離されがちになり、情報や消費を中心として営まれるようになったときに、メディアが行事をテレビで再生してみせる、という現象が生じた。メディアは適切な時期に、季節の折々の行事を、全国からお茶の間に届けてくれるのである。しかしながらメディアを通して維持・再生される伝統行事の姿は、実生活には存在しない、強いていえば我々日本人の心意にしか存在しないものである。

＊続きはQRコードから読めます。

（石井研士「正月はテレビの中からやってくる」『國學院大學院友会報』第339号）

第4章 祭　り

なぜ祭りに熱中するのか

【動画】
リオのカーニバル

リオのカーニバル

写真はブラジル、リオのカーニバルです。リオデジャネイロは2014年のサッカー・ワールドカップや2016年のオリンピックが開催された都市ですね。日本でもきらびやかな衣装やサンバのリズムでよく知られていますが、カーニバル（謝肉祭）はキリスト教のお祭りです。イエスが十字架上で亡くなる前の40日間、荒野で修行したことをしのんで獣肉を断ち懺悔を行う四旬節が行われています。四旬節に先立つ3〜7日の間に行われるお祭りがカーニバルです。リオのカーニバルは、祭りの最終日であるローマ・カトリック教会の告解の火曜日（マルディ・グラ）の行事です。

日本でも、観光客を呼ぶためにカーニバルを行うところがありますが、キリスト教とは無関係ですね。

日本にもたくさん祭りがあるけれど、印象に残っている祭りってある？

【動画】
秩父神社の夜祭り

秩父神社の夜祭りがすごかったです。真っ暗な中を、強烈な秩父囃子のリズムにのって、大きな屋台や笠鉾が引かれていく様子を見ていると、妙に気分が高揚しちゃって。

秩父神社の夜祭り

テレビで見たんですが、岡山県の西大寺で行われている裸祭（はだかまつり）はすごかったです。本堂に参集した褌（ふんどし）姿の男たちが、御福窓（ごふくまど）から投げ込まれた30センチくらいの宝木神木（しんぎ）を奪い合うんです。手にいれた者は福男になるんですが、僕なんか絶対に無理ですね。

（動画）
西大寺の裸祭り

西大寺の裸祭り

ところで、大勢が集まって熱狂的になるのは祭りだけではないよね。サッカーや野球のワールドカップといった国際的なスポーツ大会、人気歌手のコンサート、学園祭なんていうのもけっこう盛り上がるんじゃない。しかし、本当の祭りとこういったイベントとはどこか異なっていると思わないか？

予習
読んでおこう

引用文は、2011年7月に岩手・陸前高田市で行われた「うごく七夕」の様子です。その年の3月11日、陸前高田市は東日本大震災によって大きな被害を受けました。夏祭りの開催が危ぶまれる中、「祭りを通してもう一度地域の絆を取り戻したい」「震災で亡くなった家族や友人の霊を弔いたい」という声に押されて、開催されました。一面の瓦礫の中を、夕闇に七夕の提灯が揺れる山車（だし）が動いていく写真が新聞に掲載され、私たちの心を締め付けました。NHKはスペシャル番組「東北夏祭り―鎮魂と絆」を放送しました。

祭りは、私たちにとってどのような意味を持っているのでしょうか。

陸前高田 祈りの七夕まつり 感謝と絆の山車、「うごく」

陸前高田市高田町の夏祭り「うごく七夕まつり」が7日、市立高田小学校で開かれた。津波で被災した山車6基が、色鮮やかな飾りをまとって集結した。

がれきが残る同町内では例年のように練り歩けないことから、12地区の住民が同校に集まって、被災を免れたり再建したりした山車をグラウンドで引いた。住民らは、「復興」「絆」「感謝」などと書いた吹き流しを付けた山車を「ヨーイ、ヨイ」と勢いよく引いていた。

山車の上で太鼓をたたいた、高田小5年の熊谷亮太君（10）は「前みたいに山車を引けなかったけど、楽しかった。みんなが笑顔になってくれていて、うれしかった」と喜んでいた。

（『朝日新聞』岩手県版、2011年8月9日）

祭りの意味と諸相

　祭りは世界中に広く見られる宗教現象です。聖なるものとの交流には、巡礼やシャマニズムなどいろいろな方法が見られますが、祭りはそうした中でも、外側に向かって激しい表現が伴うことが多いようです。また、色彩や音楽、香りなど、五感を刺激する要素が強く見られることも特徴です。

> **祭りの定義**
> 一般的に、集団によって行われる、聖なるものとの交流を通して集団を再活性化させることを目的とした儀礼である。

●祭りの諸相

　「祭り」という言葉には多様な意味が含まれています。たとえば「冠婚葬祭」といったときの「祭」は**祖先の祭祀**を意味しています。これは日本語の「まつり」に漢字の「祭」をあてはめたためで、中国と日本では意味に大きな差があります。

　私たち日本人が、「祭り」と聞いてすぐに思い出すのは神社で行われるお祭りでしょう。日本語の「まつり」は語源的に「まつ」「まつらふ」と同じ語と考えられています。つまり、祭りとは、神霊が祭る者の招きに応じて現れるのを待ち、祭る者は一定の場において饗応し（お酒や食事を出してもてなし）、そして願いが叶うことを待つということになります。

資料
伊勢神宮 HP

図表1　伊勢神宮の恒例祭

1月	歳旦祭（1日）、元始祭（3日）、昭和天皇祭遙拝（7日）、一月十一日御饌（11日）
2月	建国記念祭（11日）、**祈年祭**（17〜23日）
3月	御園祭・春季皇霊祭遙拝（春分の日）
4月	神田下種祭（上旬）、神武天皇祭遙拝（3日）
5月	神御衣奉織始祭（1日）、神御衣奉織鎮謝祭（13日）、風日祈祭（14日）、神御衣祭（14日）
6月	御酒殿祭（1日）、興玉神祭（15日）、御卜（15日）、**月次祭**（15〜25日）、大祓（30日）
8月	風日祈祭（4日）
9月	抜穂祭（上旬）、秋季皇霊祭遙拝（秋分の日）
10月	御酒殿祭（1日）、神御衣奉織始祭（1日）、御塩殿祭（5日）、神御衣奉織鎮謝祭（13日）、神御衣祭（14日）、興玉神祭（15日）、御卜（15日）、**神嘗祭**（15〜25日）
11月	**新嘗祭**（23日〜29日）
12月	御酒殿祭（1日）、興玉神祭（15日）、御卜（15日）、**月次祭**（15〜25日）、天長祭（23日）、大祓（31日）

　神社は神を祭るための施設として設けられました。神社では専門の祭祀者である神職が、年間を通して多くの祭りを行っています。図表1は伊勢神宮で行われている恒例祭（毎年同じ月日に行われる祭り）です。このなかでもとくに**神嘗祭**と6月・12月に行われる**月次祭**は、**三 節 祭**といわれる重要なお祭りで、**祈年祭**と**新嘗祭**を加えて**五大祭**と呼ばれることがあります。伊勢神宮では、こうした月日を定めた祭りの他に、毎日朝夕の二度、諸神に供え物を奉る日別朝 夕 大御饌祭が行われており、年間千数百回ものお祭りが行われていることになります。

ワーク
1

　個々の祭りの意味を、伊勢神宮や神社本庁、個々の神社のホームページなどを利用して調べてみましょう。

　回数は伊勢神宮ほどではありませんが、祭りはどの神社でも営まれています。こうした祭りは、専門の神主によって、参列者もなく行われている儀礼であって、普通私たちが「お祭り」としてイメージするものとは異なっています。私たちが一般的にお祭りと思っているのは、多くの群衆が集まるもので、きらびやかな御輿や山車、花火や音楽、芸能や競技といった、胸がワクワクするような興奮状態を伴うものでしょう。

●祭りの世界

　世界中には実に多くのお祭りがあります。メキシコでは毎年、10月31日から11月2日まで国民をあげて「死者の日」を祝います。この日、メキシコは骸骨とオレンジ色をしたマリーゴールド一色になります。家の中はもちろん町のいたるところに祭壇が設けられ、骸骨とマリーゴールドがあふれんばかりに飾りつけられて死者を追悼します。意匠を凝らしたさまざまな骸骨の人形があちこちに置かれ、へいや壁には骸骨をかたどった切り紙が貼られます。子どもも大人も骸骨の仮面をつけたり、あるいは骸骨のメイクをして街を練り歩きます。

　夜になると祭壇の蝋燭に火が灯され、暗闇に浮かぶオレンジ色のマリーゴールドと白黒の骸骨が不思議な世界を醸し出します。人びとは笑いさざめき、踊りと音楽が鳴り響きます。生者と死者が交歓する不思議な時間と空間が現出します。メキシコの死者の日は、日本のお盆にも当たるもので、メキシコの歴史の経過の中で変容を遂げ、現在はメキシコ土着の死者追悼儀礼と

（動画）
メキシコの死者の日

メキシコ：死者の日の仮装

豊穣祭、カトリックの万聖節と万霊節が融合した国民的祝祭になったと考えられています。死者の日は、2003年に世界無形文化遺産に登録されました。

世界の祭り

●ヒンドゥ教

世界の諸宗教の著名な祭りをとりあげて、その意味を見てみましょう。仏教の母体となったヒンドゥ教では、クリシュナ誕生祭、ヴィシュヌ誕生祭、ガネーシュ・フェスティバルなど実に多くの祭りが行われています。その中でも三大祭りといわれるのがホーリー祭、ダシュラ祭、ディワーリー祭です。

ホーリー祭は豊作を祈願する春の祭りで、カーストや性別に関係なく黄色やピンクの粉を塗りつけたり、かけあいます。人々は「ハッピー・ホーリー」と言いながら祝福します。

ダシュラ祭はラーマ神が悪魔を倒したことを祝う祭り（9月〜10月）で、ガンジス川中流の聖地ベナレスでは、女神ドゥルガー像を祭るドゥルガー・プージャーが盛大に行われます。悪魔を退治する女神ドゥルガーの像が祭りのために特別に作られます。その後、像は付近の川や湖に運ばれて沈められます。

ディワーリー祭は、ラクシュミー神を祭る灯火祭です。11月の新月の夜にたくさんの灯明をかざり、川に流します。

●ユダヤ教

ヒンドゥ教と同じ民族宗教であるユダヤ教には五大祭りと言われる行事があります。過越の祭りは春祭り、七週祭は過越の祭りの50日後に収穫期の終わりをつげる祭りです。そして仮庵の祭りは秋の収穫を祝う祭りです。これらの祭りはイスラエルの歴史上の出来事と結びつけられています。過越の祭りは出エジプトの記念、七週祭はシナイ山で立法が授けられた日、仮庵の祭りはイスラエルの民が約束の地に向かう荒野での仮小屋を意味するようになりました。

この3つの祭りに、仮庵の祭りの直前に行われる10日間の禁欲期間の祭りである贖罪日と新年祭が加わって五大祭といわれます。

イスラエルの民のエジプト脱出を記念するユダヤ教の重要な祭りである過越の祭りは、ユダヤ暦（太陰太陽暦）の最初の月（ニサン月）14日の日没に始まり1週間続きます。最初の2晩はセデルとよばれる祭礼の食事をとります。セデルの料理はラビ（律法家）の法律によって、5種類の食べ物をとる

ヒンドゥ教：ホーリー祭
血を象徴するピンクの粉をかけあうクリシュナ神と若い娘たち。

（動画）
ホーリー祭

ヒンドゥ教：ダシュラ祭
悪魔を退治する女神ドゥルガーの像。

ヒンドゥ教：ディワーリー祭
灯明を川に流す。

（動画）
ディワーリー祭

宗教の定義　神は一人だが、さまざまな名前がついている。（古代インドの聖典『リグ・ヴェーダ』）

ユダヤ教：セデルの食事
上から時計回りに、タチチシャ（レタスの一種）、焼いた羊のすねの骨、ハローセト（リンゴやナツメヤシで作った料理）、苦菜、セロリのスティック、焼いた卵。

[動画]
セデルの食事

ことが決められています。地域や国によって多少異なりますが、ワサビはエジプトでのユダヤ人奴隷の苦難の歴史を意味し、クルミとリンゴをつけ込んだワインはイスラエル人が強制労働の際に使ったモルタルを表しています。緑の野菜は新しい命を、卵は神への捧げ物を象徴しています。そしてすね肉は過越の時の生贄（いけにえ）のヒツジを表しています。期間中は、種（酵母（こうぼ））なしの平たく焼いたパンを食べます。これはエジプトから逃れる際に種入りのパンを作る時間がなかったことに由来しています。セデルの間はこれらの料理を食べながら、出エジプトの物語が語られ、感謝の祈りが神にささげられます。

●仏教

世界宗教である仏教、キリスト教、イスラームにも数多くの祭りがあります。

仏教はインドで生まれ中国を経て日本へ伝来しました。長い歴史と広範囲に拡がった信仰は、多くの宗派を生み出し、さまざまな行事や祭りが作り出されていきました。そうした中でも、**涅槃会**（ねはんえ）（2月15日）、**灌仏会**（かんぶつえ）（4月8日）、**成道会**（じょうどうえ）（12月8日）は**三仏会**（ぶつえ）といわれる重要な行事です。

涅槃会は仏忌（ぶっき）、常楽会（じょうらくえ）ともいって、釈迦が入滅した（亡くなった）とされる2月15日に報恩供養の法要を行います。成道とは釈迦が悟りを開いて覚者となったことをいい、これを記念して12月8日に法会（ほうえ）が行われます。第5章の「修行と戒律」のところでも正眼寺の臘八大接心（ろうはつおおせっしん）について説明しますが、臘八とは臘月（ろうげつ）（12月）八日のことで、1日から8日までを一日として不眠不休の坐禅を行います。お寺ではこの日に、臘八粥（ろうはつがゆ）といってお粥に昆布や串柿などを入れたものを食べるところがあります（57頁参照）。

三仏会で私たち日本人に比較的馴染みのあるのは灌仏会でしょう。灌仏会は釈迦が誕生した日を祝って行われる行事で、降誕会（こうたんえ）、仏生会（ぶっしょうえ）ともいわれます。また、春の花が咲く時期でもあるので**花祭り**としても知られています。

仏教：花祭り（浅草寺）
写真中央やや右に黒く見えるのが釈迦尊像。浅草寺幼稚園園児が甘茶をかけている。

[動画]
浅草寺の灌仏会

お寺では、花御堂の中央に据えた水盤に誕生仏を安置して、上から甘茶を注いでお祝いする行事が広く行われています。釈迦が生まれた時に甘露の雨が降ったという言い伝えや、龍王が空中より香水を注いで釈迦の身体を洗浴したという言い伝えにより、日本では江戸時代から盛んになりました。

●キリスト教

キリスト教にも多くの行事や祭りがあります。私たち日本人がすぐに思い出すのはクリスマスとバレンタインかもしれませんが、キリスト教徒にとって最大の祝日は**復活祭**です。英語では**イースター**と呼ばれます。春分を過ぎた初めての満月後の最初の日曜日と定められていて、年によって3月22日〜

宗教の格言　嘘を口にしてはならない。しかし、真実のなかにも口にしてはならぬものがある。（ユダヤの格言）

キリスト教：イースターエッグ
色とりどりに塗られ、模様がつけられた卵。

4月25日の期間を移動します。2015年は4月5日が復活祭とされました（図表2参照）。キリスト教では復活祭の前に灰の水曜日から始まる40日間の**四旬節**があり、聖土曜日で終わります。四旬節は教会が決めた悔い改めの時期であり、主（イエス・キリスト）の受難と復活を迎える準備期間として位置づけられています。そして復活祭の一週前は聖週間といわれ、とくに聖木曜日、聖金曜日、聖土曜日には教会で盛大な典礼が行われます。さらに、復活祭当日から次の日曜日までを復活祭の8日間といい、主の昇天、聖霊降臨の主日、三位一体の主日といった行事が続きます。

復活祭には特別の食べ物があります。多くのキリスト教徒が当日の朝に卵を食べたり、中身を抜いた卵の殻に色を塗り、絵を描いて飾ります。卵は復活の象徴と考えられています。この時期テレビのニュースに、復活祭の翌日にアメリカのホワイトハウスの庭で子どもたちが卵転がしをしている様子が映し出されることがあります。卵を運んでくるのはウサギで、ウサギもまたイースターのシンボルです。

図表2　2015年カトリック教会のこよみ

月	日	曜日	行事
2月	18日	（水）	灰の水曜日・四旬節
	22日	（日）	四旬節第1主日
3月	1日	（日）	四旬節第2主日
	8日	（日）	四旬節第3主日
	15日	（日）	四旬節第4主日
	22日	（日）	四旬節第5主日
	29日	（日）	受難の主日（枝の主日）
	30日	（月）	受難の月曜日
	31日	（火）	受難の火曜日
4月	1日	（水）	受難の水曜日
	2日	（木）	聖木曜日（主の晩さん）
	3日	（金）	聖金曜日（主の受難）（大斎・小斎）
	4日	（土）	聖土曜日、
	5日	**（日）**	**復活の主日**
	6日	（月）	復活の月曜日
	7日	（火）	復活の火曜日
	8日	（水）	復活の水曜日
	9日	（木）	復活の木曜日
	10日	（金）	復活の金曜日
	11日	（土）	復活の土曜日
	12日	（日）	復活節第2主日（神のいつくしみの主日）
	19日	（日）	復活節第3主日
	26日	（日）	復活節第4主日
5月	3日	（日）	復活節第5主日
	10日	（日）	復活節第6主日
	17日	（日）	主の昇天【祭日】（復活節第7週）

キリスト教：ホワイトハウスのイースター
オバマ大統領と子どもたち。

（動画）
ホワイトハウスのイースター

（資料）
カトリック中央協議会HP

●イスラーム

イスラームの断食（58頁参照）や巡礼（106頁参照）については比較的よく知られているようです。しかし断食明けのお祭りイード・アルフィトルと、巡礼月の供犠の祭りイード・アルアドハーについては知らない方が多いでしょう。イード・アルフィトルとイード・アルアドハーは、宗派を問わず行われている二大祭りです。

（動画）
イードアルフィトル

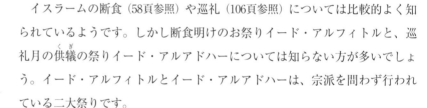

宗教の格言　求めなさい。そうすれば、与えられる。探しなさい。そうすれば、見つかる。門をたたきなさい。そうすれば、開かれる。
（『新約聖書』「マタイによる福音書」）

イスラーム：イード・アルアド
ハーの食卓（タジキスタン）

断食明けの祭りイード・アルフィトルは小祭とよばれています。30日間に
わたるラマダーン月の断食が終わった後に祝います。モスクでは盛大に礼拝
が行われます。人々は着かざって親類縁者を訪問し贈り物を交換します。

　イード・アルアドハーは巡礼を祝う祭りで大祭といわれます。巡礼月の10
日から13日にかけての4日間行われます。メッカ巡礼の最終日の10日、巡礼
者は動物犠牲を捧げます。各家庭でもこれに合わせていっせいに犠牲をほふ
ります。祭りの期間中は、イード・アルフィトルの時と同じように晴れ着を
着て外出し、知り合いを訪問しあいます。遠方の友人には祝いのカードを送
るのがならわしです。

祭りの構造　祭儀と祝祭

●祭儀としての祭り

　祭りを社会関係から見ると、日常的な社会秩序の縮図であり、そうした秩
序を維持しようとする「祭儀」の要素と、そうした日常性を徹底的に破壊し
て聖なる状況下で集団の融合を目指すような「祝祭」の要素のあることがわ
かります。

　近年、正月の仕事始めに会社の従業員が集団で参拝する姿が見られます。
会社の社長は正装し、代表として玉串を奉奠します。代表者の礼拝に合わせ
て従業員も礼拝します。ここでは会社での役職上の上下関係が厳密に守られ
ています。このように祭儀の部分では、参加者は正装し、精進潔斎といった
厳粛な態度で臨みます。また神霊に対しては供献や共食などの日常的方式を
儀礼的に執り行うことで、全体として社会秩序の徹底的な尊重を維持しよう
とします。

　しかし、私たちが一般的に「お祭り」と思うのは、こうした祭儀の部分で
はなく、日常生活ではお目にかかれないような体験を含んだ、わくわくする
ような興奮状態ではないでしょうか。

神道：会社の集団参拝
正月の仕事始めに、企業が集団で
参拝している様子。近年、企業の
集団参拝が盛んになっている。

 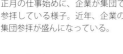

〔動画〕
神田明神　ビジネ
スマンの初詣

●祝祭としての祭り

　祭りには、華やかな色とりどりの色彩、独特のリズムで刻まれる音楽、大
勢による群舞、綱引きや神宝を奪い合う競技性、過剰なまでの暴飲暴食など、
私たちの五感を日常生活とは違ったレベルで徹底的に刺激する要素が溢れて
います。こうした要素はたんに刺激だけを目的にしているわけではなく、日
常の社会関係やルールをきわめて積極的に破ろうとしているかのようです。

宗教の
格言　反抗的になりがちな女はよく諭し、寝床に追いやって叩け。それで言うことをきけば、それ以上の手に出
てはならない。
（クルアーン）

神事に使われる翁と嫗の面

戸塚八坂神社のお札まき
島田髷に姉さんかぶりをして歌い
ながら町内を練り歩く男たち。

(動画)
八坂神社のお札まき

御柱祭の木落し
御柱の先頭に乗ること（華乗り）が
名誉とされ、御柱男の称号が与え
られる。

(動画)
御柱祭の木落し

祭りではしばしば社会的役割や地位の転換が生じます。社会においては生産性の低い存在である子どもや老人が、しばしば神の依代や神そのものとして主役を務めます。民俗学者の折口信夫によれば、男の老人の姿をした翁は外の世界から村を祝福にくる来訪神（先祖の霊）であり、翁と嫗という対のかたちをとって祭りの場に現れるといいます。

また、男性と女性の役割の入れ替わりも頻繁に見られます。12月に行われる埼玉県秩父神社の夜祭りには、重さが10トン以上の山車がたくさん繰り出します。山車の先頭に2人の男性が陣取り、山車のスピードや方向を指示しますが、男性は女物の衣装を着て化粧をしています。神奈川県戸塚八坂神社では毎年7月14日にお札まきが行われます。お札まきは、女化粧で姉さんかぶりをした10人ほどの男たちが、唄いながら街に繰り出し、「正一位八坂神社御守護」と刷られた五色のお札をうちわで煽いで撒く行事です。

社会的な役割や地位の転換がよくわかるのが、ヨーロッパ中世で広く行われていた**愚者の饗宴**（Feast of fools）です。祭りの期間は通常の秩序や価値観が逆転しました。この日一日だけの王を庶民の中から選び、嘲笑したり、殺す演技をしたりします。あるいは少年や下級僧の間から「阿呆の司教」を選ぶなど、地位の転換が公然と行われました。

性の解放や無礼講も祭りを構成する重要な要素です。祭りにはしばしば男性や女性の性的シンボルがご神体として登場します。祭りにおける無礼講もよく知られています。さらには命をかけるような危険な祭りも少なくありません。

長野県の諏訪大社では、7年に一度、寅と申の年に宝殿を新築して社殿の四隅にあるモミの大木を建て替える祭りを行います。この祭りは御柱祭と呼ばれ、地元の氏子だけでなく期間中200万人近い観光客が集まります。観光客がとくに集中するのは「木落し」です。八ヶ岳山中から切り出した長さ約20m、直径1mほどのモミの木が、最大斜度35度、長さ200mの坂を一気に下ります。しかもモミの木には大の大人が鈴なりに座っています。無事に乗り切った者は御柱男として称えられますが、時には死傷者も出る危険な祭りです。

こうした危険な祭りは日本だけでなく、世界中いたるところで見られるものです。エーゲ海に浮かぶギリシャの島、キオス島で行われる復活祭では、お互いの教会に向けて5万発ものロケット花火が飛び交います。花火が暗闇を飛び交い石造りの教会に命中しては砕け散る様子は、まるで戦争のようで

す。

●祭りと集団的沸騰

　祭りを祭りたらしめているこうした諸特徴を見ていると、いかにして日常の社会関係を破壊するかということに力が注がれていることがわかります。泥酔したり過度に贅沢な食事をすることは日常の規範を逸脱するとして、日常生活では禁じられています。人前で裸になることも女装をすることも望ましくない行為です。しかし祭りは人間の五感を強烈に刺激し規範を逸脱して非日常性を作り上げていきます。そして**集団での熱狂的な興奮状態**が生まれます。

デュルケム⇒125頁参照

　宗教社会学者の**デュルケム**は、『宗教生活の原初形態』のなかで、オーストラリア原住民の祭りについて記述しています。乾季には散在して退屈な生活を送っている原住民は、雨季になると集まって祭りを行います。夜になって行列、舞踏、歌謡、さらには模擬的な戦闘が行われ、人々はしだいに興奮していきます。人々は興奮状態のもとで自分が自分ではない新しい存在になったと感じるようになります。デュルケムはこうした状態を「**集団的沸騰**」とよんでいます。さらにデュルケムは「宗教的観念が生まれたと思われるのは、この沸騰した社会的環境における、この沸騰そのものからである」と述べ、神は興奮した祭りの中から生まれたのだと指摘しています。

　人々は日常とは異なった時空のなかで、神や神話的世界とリアルに交流することが可能になります。ふだんは日常生活の中に埋もれている神聖な原理が浮かび上がり、自分が何者であり、なぜここに存在するのかといった根源的な問いかけに答えを与えてくれます。祭りは、私たちの俗なる生活をいったん解体し、神聖な世界と同一化することによって、私たちの生を再び活性化させる機会なのです。

仮装した若者で賑わうハロウィンの渋谷
〔2015年10月31日：大久保衣純撮影〕

 宗教の格言　神より賦与されたる人生は短きも、楽しく送りし人生の記憶は永遠なり。

（キケロ：古代ローマの政治家『神々の本質について』）

テレビなどで祭りが紹介されることはよくあるけれど、祭りの背景となっている宗教や文化の説明がほとんどないのはとても残念に思っているんだ。

私も神社の夏祭りには浴衣を着て行きますが、花火や縁日が気になってしまって、お祭りの由来や意味は深く考えていませんでした。本末転倒だったんですね。

質問です。宗教とは関係がなくても、たくさんの人が集まって興奮状態になることを「お祭り」っていいますよね。アイドルのコンサートでは、客も歌手の格好を真似したり、おそろいのグッズを持って踊ったりして、すごく盛り上がります。アニメやゲームの主人公になりきるコスプレもお祭りに似てませんか？

そうですね。私はサッカーが好きで、ときどき試合を応援に行きますが、接戦で残り時間が少なくなるとすごく興奮します。サポーターは一体になってお祭り状態ですよ。

そうだね。フェスティバルの非日常性やゲームでの集団的熱狂はたしかに祭りと共通するけれど、それは厳密には「祭り」じゃなくて「イベント」だね。ただし、現代では祭りにもイベント性がつきまとっているし、イベントの中には集まる人同士が親和性を高めて、ある種の世界観を形成していると思えるものもある。「祭り」と「イベント」は根本的にどう異なるか、考えてみよう。

レポートを書いてみよう！

1 　祭りはいかにも宗教らしい儀礼のひとつです。宗教社会学者の柳川啓一は、祭りの持つ魅力とその構造を複数の祭りを通して分析を試みました。秩父の夜祭りを扱った論文は「親和と対抗の祭─秩父神社夜祭」が正式のタイトルです。祭りの中の象徴の問題に焦点を当てた論考の一部を読んでみましょう。

　私が、ゼミナールの学生諸君とともに、はじめて祭調査の体験をしたのは、昭和38年７月、埼玉県秩父神社の夏祭であった。神社の境内に、全町七台の山車が集合する華麗な光景、嬉々として山車を曳く子どもたち、のんびりとした見物の群衆、立ちならぶ露店など、もしたんなる観光のためのよそものとしてこれをみていれば、ハレの日に酔う光景として見えるかもしれない。しかし、観察と面接を通して祭の本質を求めようとすると、たちまち理解できないものにぶつかるのである。

　たとえば、神輿と山車の行列を見る老人に祭で何がたのしみかを聞くと、「サーカスを見るため」と答える。警備の警官に聞くと「年々人出が少なくなって、もう祭はおしまいだろう」という。（略）つぎにわれわれの、常識的予想では、人びとはめでたさの中で酔いしれているはずであった。しかし、昼間の行事の中心である町内会では、中心人物は事務に忙しく、過度の緊張に支配されているといってもよい。交通整理、通過する町内への挨拶、露店商人とのトラブル、曳手が散逸しないようにする手配、からんでくるよっぱらいの処理などを、はたさなければならない。いら立ち、どなり、走り廻っている。祭をおおうたのしさ、おおらかさという雰囲気ではない。

（柳川啓一『祭と儀礼の宗教学』筑摩書房）

２　祭りが現代の私たちにどのような意味を持っているか、考えてみましょう。都市においては祇園祭、天神祭、天下祭、神田祭など神社を中心に行われる祭りがますます多くの人々を集めるようになっています。あまり宗教性は感じられないかもしれませんが、川崎市のハロウィーン・パーティや高円寺の阿波踊りなども数十万人の人が押し寄せます。なぜ現代においても、祭りは盛んなのでしょうか。

　ハービー・コックスは、中世の愚者の祭りを論じながら現代を見つめています。コックスの主張を皆さんはどう受け止めますか。

　われわれは、祭りと空想をまだもっているけれども、違った型のものなのである、という人もいる。われわれは、オフィスのパーティーや、フットボールのゲームや、カクテル・パーティー等を楽しんでいる。われわれの空想は、映画のフィルムの世界や、『プレイボーイ』誌のページにきらめいている。科学空想物語は、依然として、幻想の世界を想い起こさせている。しかし、この本における私の論点は、祭りと空想の型がどのようにわれわれの中に、そのかげりをとどめていようとも、影薄くなり、遊離されているということである。（略）

　少なくとも、これらのすべてのことは、ごく最近まで本当であった。しかしながら、現在われわれは、祭りと空想の精神の、再誕生を見ている。われわれは、年中行事としての愚者の饗宴をもっていないが、過ぎし日に生きていた生活の肯定と、ふざけた非礼さが、再びわれわれの時代にいぶきをあげ始めている。（略）われわれの時代が、かつて、愚者の饗宴に見られた文化の二つの内容の価値を、再び見出すかもしれないということを示している。第一は、饗宴、または、祭りそのものである。それは、労働を、その本来の場に置くので重要なのである。（略）

　愚者の饗宴の、もう一つの重要な文化的内容は、空想と社会批判である。権力者の虚偽を暴露することは、権力者の力が、抵抗されえないものではないという考えを起こさせる。このことが、横暴な権力者が愚者の前におののき、独裁者が政治的余興を禁止する理由である。（ハービー・コックス『愚者の饗宴』新教出版社）

第5章 修行と戒律

なぜ修行が必要なのか

今、若い人、とくに若い女性の間で、修行に対する関心が高まっているようなんだ。

修行というと座禅とか、お遍路さんとか、あ、滝行（たきぎょう）っていうのもありましたね。真冬に薄い着物一枚で滝に打たれるんですよね。あんなものも人気があるんですか。

今までの自分とは違った自分になりたいと願う人たちにとっては、スポーツで身体を鍛えるのと同様に心を鍛えたいという発想なんだろうね。

もっと強い自分になりたい、という気持ちはあります。でもあまり痛いのや苦しいのはいやです。

心だけを鍛えるのはなかなかむずかしいから、心身の鍛練を通して、魂の解放や宗教的覚醒を目指すわけなんだ。修行を通して永遠の救済にあずかろうとしたり、神との合一を果たそうとしたり、あるいは本当の自己とは何かを発見しようとするんだね。

写経（建仁寺）

滝行（高野山真言宗野呂山知足庵）

引用文は、毎日新聞社が長期連載した「宗教を現代に問う」で、臨済宗の寺院（写真）へ入門しようとしている記者の文章です。記者の佐藤健さんはその後、臨済宗の僧侶となりました。厳しい修行の一端が、記者の目を通してうまくとらえられています。修行は、確実に私たちを変えるものなのです。

　最初の十分間で後悔した。なんでこんなバカバカしいことをはじめてしまったのか。息が苦しくて死にそうなのである。こんな姿勢のまま、二日間耐えろといっても、とても無理だ。今やめよう、今やめようと思っているうちに、人間の肉体というのは不思議なもので、少しずつ動きながらなんとか安定した姿勢をつくる。しかし、だれが考えたのか、庭詰というのは残酷な入学試験だ。

　この朝八時すぎ、青苔禅道場の山門に、旅装束をして立った。なんだか田舎芝居をしてるみたいでテレくさい。おもむろに玄関に入り、式台のところに浅く腰をかけて低頭し「たのみましょう！」と声をかけろと教えられた。

　「たのみましょう！」。まったく学芸会だ。そのとたん「声が小さい」とどなられた。もう一度大声で「たのみましょう」。すると奥のほうから「どーれ」、そしてでてきた雲水が聞くのだ。「どなたさまで」

　「私、東京都港区三田、龍源寺徒弟、佐藤大仙と申します。当道場に掛塔（かとう）いたしたくよろしくおとりつぎください」。台詞もだいたい決まっている。願書、履歴書、誓約書、戸籍抄本を入れた封筒をさしだす。

でてきた雲水は「しばらくお待ちを」と奥へひっこみ、五分くらいのち、こんどは知客とよばれる僧堂の雲水総取締役が出てきて「当道場はただいま満員のうえ、貴公のようないいかげんな人が修行する場所ではありません。関東にはまだ僧堂はたくさんありますのでそちらにおまわりください」と形式的なことをいう。そこで「ああ、そうですか」と帰って来てしまったら、どこの僧堂にも入れない。ひたすらそこにすわり込むのである。

佐藤記者が修行した臨済宗南禅寺派飯盛山青苔寺

（佐藤健「新聞記者が雲水になってみた」毎日新聞社特別報道部宗教取材班編
『宗教を現代に問う』毎日新聞社）

　修行とは、それぞれの宗教が理想とする世界や心の状態に到達するために、心身を鍛える行為をいいます。ですから、修行を広義に捉えれば、宗教的な理想を目ざして行われる行為は、すべて「修行」ということもできます。朝夕唱えられる祈りもそうですし、イニシエーション（36頁参照）も修行と考えることができます。巡礼（109頁参照）や断食も典型的な修行のひとつです。また、日々の労苦や日常生活も、宗教的生活の一部と考えれば、修行ということができるものです。ほとんどの修行には順序や階梯（かいてい）など決まったやり方があり、そのとおりに行うことが求められます。修行は正しく行わないと、宗教的な目的を達成することができません。

> 修行の定義
> 宗教的な理想や境地に到達するために、特定の方法に従って、心身を鍛える行為である。

諸宗教の修行

column

オルフェウス教

古代ギリシャの宗教。宗教が国家的性格の強かった時代に、神話的人物であるオルフェウスを創始者と仰いで、個人の魂の救済を目的として一般庶民が組織した神秘的な教団。宇宙と人間の生成について、独特の教義を持っていたといわれる。

オルフェウス像
（紀元前460年頃）

修行は、儀礼の中でもとくに宗教性が前面に現れる行為で、神話とともに古くから諸宗教に広く見られる現象です。たとえば、ギリシャのオルフェウス教は、肉体は魂（プシケ）を閉じ込める牢獄であると考えました。魂を救済するために殺生と肉食を禁止する修行が行われていました。

しかし、西洋の宗教的伝統は神を中心にした観念的・理性的傾向が強いためか、修行は発達しにくかったようです。他方、東洋の宗教は、人間の意図的な努力によって信仰を形作っていくことが重要視されたため、修行の体系が整っています。

●ヨーガ

よく知られている修行のひとつに**ヨーガ**があります。ヨーガは、古くからインドで行われてきた心身統一のための修行です。すでに、前6〜前5世紀に編纂されたウパニシャッドにおいて、修行に関する記述を見ることができます。ヨーガは、決められた修行を行うことで、人間の肉体や思考が持つ限界や欠点を超えて、信仰対象と合一しようとします。これが真の知を獲得するための唯一の方法である、と考えます。

ヨーガの修行は8つの段階からなっています。

ヨーガの修行

①**制戒**（ヤマ）：五戒をまもる

②**内制**（ニヤマ）：5つの行為を行うこと（心身の清浄、満足、苦行、聖典の読誦、最高神への祈念）

③**坐法**（アーサナ）

④**調息**（プラーナーヤーマ）：呼吸をととのえること

⑤**制感**（プラティヤーハーラ）：感覚器官の働きを制御して刺激があっても反応をしないこと

⑥**総持**（ダーラナー）：心を鼻の先端や眉間に集中して落ち着くこと

⑦**禅定**（ディヤーナ）：想念が安定して継続する状態を保つこと

⑧**三昧**（サマーディ）：心が対象に完全に没入して一体となること

ヨーガにもクンダリニー・ヨーガやアシュタンガ・ヨーガなど多様な流派があり、流派によって具体的な修行の方法は異なっています。私たちがヨーガとして見る機会が多いのは、**ハタ・ヨーガ**と呼ばれるものです。ハタ・ヨーガはあらゆるものの基本である肉体を制御する力を発達させるための修行法であるとされます。

［動画］
ヨーガ（太陽礼拝）

宗教の定義　宗教は生活の腐敗を防ぐべき香料である。（ベーコン：イギリスの神学者『随筆集』）

坐禅

坐禅の仕方はインド古来からほとんど変わっていないといわれています。結跏趺坐といって、両脚を組んで座り、かかとが下腹につくほどに手前にひきよせて両足を組みます。右の掌の上に左の掌を上に向けて重ね、左右の親指を軽くあわせて輪をつくり、へその下あたりに置きます（法界定印）。次に合掌して再び法界定印を結び、大きな深呼吸をしながら姿勢を整え坐禅に入っていきます。坐禅に入った後は、調息といって鼻からゆっくりと息を吸い、ゆるやかに吐きます。

建仁寺の坐禅会

［動画］
坐禅の作法

阿字観の瞑想イメージ

column

阿字本不生

真言密教の根本理念で悟りの境地のこと。阿字本不生とは、一切の事物の本初は「空」であり生滅がないことを意味している。

column

公案と夏目漱石

漱石は学生時代から禅に興味を持っていたようで、27歳のとき鎌倉の円覚寺に10日間参禅している。この時の様子が『門』に描かれている。主人公の宗助は救いを求めて鎌倉の禅寺に行くが、結局、悟りを得られず下山する。そのとき与えられた公案が「父母未生以前本来の面目は何か」だった。

●坐禅

座して精神を安定させる修行は、多くの宗教に見られます。仏教では、坐禅は中心的な修行のひとつとして発展しました。通常仏教では、坐禅は禅宗に特徴的と考えられていますが、他の宗派でもよく用いられています。

密教には月輪観、阿字観という瞑想法があります。月輪観によって、自分の心は月のように欠けることなく、清らかで明るく輝いていると観じるようにします。さらに月の中に蓮華とその上に梵字の「阿」が明らかに現れるように瞑想します。密教では阿の字は森羅万象の根本生命、悟りの内容である諸法の本不生を表しており、その「阿」と一体になります。

禅宗では、日常生活である行住坐臥すべてが禅の修行であるとされていますが、とくに代表的な修行法として用いられるのが坐禅です。

日本を代表するふたつの禅宗、曹洞宗と臨済宗では、微妙に坐禅の様式が異なっています。臨済宗が僧堂の壁に背を向けて座るのに対して、曹洞宗は面壁します。曹洞宗が只管打坐といってひたすら座るのに対して、臨済宗は公案を用います（公案禅、看話禅）。

公案は哲学的な問答で、「隻手音声（片手で拍手とはいかん）」「父母未生以前我如何（父母が生まれる前のわれ、いかん）」といった哲学的な問いに、自らの答えを見つけて答えなければなりません。

岐阜県に臨済宗妙心寺派の正眼寺という寺院があります。正眼寺では厳寒の１月に臘八大接心という７日間を１日にして行う禅の修行が行われていま

宗教の
格言
三界の狂人は狂せることを知らず、四生の盲者は盲なるを識らず、生まれ生まれ生まれ生まれて生の始めに暗く、死に死に死に死んで死の終りに冥し。　　　　　（空海：真言宗の開祖『秘蔵宝鑰』）

す。期間中は、1日3時間の座ったまま眠る座睡以外は横になることも寝ることも許されません。1日に三度の参禅（公案を老師に回答する）をしながら、ひたすら座り続ける日々が続きます。禅僧は座り続けることで、真理を探究し真理と一体化する道を求めます。

●断食

仏教と同時代に誕生したジャイナ教の修行僧には、生活上の厳しい制約が科されました。安居（あんご）の期間以外は、同じ場所に3～4日以上留まることを許されず、歩き回る生活を送り、断食はもっとも優れた苦行とされていました。

断食は、修行や祈願のために行われる宗教行為で、世界の諸宗教に広く見られます。シャーマンは霊的啓示を受けたり魂を霊界へと飛ばすために麻薬の服用とともに断食を行うことがあります。日本でも祭りを控えた神主や特別な役を担った氏子は生ものを避ける習慣があります。比叡山の千日回峰（せんにちかいほう）行（ぎょう）でも、回峰行者は修行に入ると食事は麺類しかとりません。

しかし、なぜ修行をしたり、特別な祈願をするときに、断食をはじめとして食物の制限が行われるのでしょうか。

●イスラームの断食

断食（**サウム**）はイスラームの重要な信仰である五柱のひとつです。ムスリムはイスラーム暦の第9番目の月ラマダーン月の1か月間、夜明け前（日の出の2時間前くらい）から日没まで一切の食物、水を飲むことが禁止されています。

厳格に見えるイスラームの断食にも例外事項が認められています。子どもや病人、お腹の大きい母親、旅人、戦場にいる兵士などはラマダーンの断食は免除されます。しかし、子ども、病人、妊婦さん以外は、後で埋め合わせのための断食をしなければなりません。

断食はけっして非人道的な行為ではありません。朝食は、夜の明けないうちにとるのが普通です。十分に食事と水分を取ってその日の活動に備えます。日没を迎えると、楽しい食事（イフタール）が待っています。食事の前には「アッラーよ、わたしはここに断食を行い、主を信じ、主の食物をいただいて断食を終わりました。仁慈あまねく慈悲深き、アッラーのみ名によって」というお祈りを行います。

断食（サウム）を行うラマダーンの月には、ムスリムとしていっそうの信仰が求められます。たとえば家族で聖典『クルアーン』を読んだり、慈善行為をしたり、あるいは喜捨（きしゃ）（ザカート）をすることが勧められます。そしてラマダーンが終わると断食明けの祭典イード・ル・フィトルが行われます。

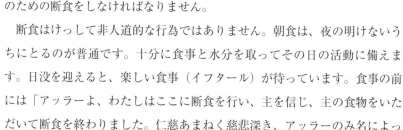

食事のために日没を待つ人々

ラマダーン月の食事の一例
短い時間で食べやすい工夫がしてある。

 column

千日回峰行

比叡山（延暦寺）で1日に山中を一周する修行を千日行うこと。全行程を行うのに7年かかり、1日30kmから84kmの行程を1年に100日または200日こなす。途中で行をやめるには自死を覚悟する必要があり、平安期から今までに47人しか達成していない。5年で700日を終えたところで9日間の断食・断水・不眠・不臥の「堂入り」を行い、生身の不動明王となる。

宗教の格言　富は天に積みなさい。そこでは、虫が食うことも、さび付くこともなく、また盗人が忍び込むことも盗み出すこともない。
（『新約聖書』「マタイによる福音書」）

　なぜイスラームは断食を厳格に遵守するのでしょうか。第1は、アッラーへの完全な服従の気持を強めるためです。アッラーが一定期間飲食物を控えるよう命じたのであれば、ムスリムは喜んで従うことを表しています。『クルアーン』には「信仰する者よ、なんじら以前の者に定められたように、なんじらに斎戒が定められた。おそらくなんじらは主を畏れるであろう」（第2章　雌牛　第183節）と記されています。そして断食を通してムスリムは、自制心や欲望の抑制を学び、世界中のムスリムとの一体感を感じることになります。

●木食上人

　日本でも断食修行は見られます。木食上人、あるいは即身仏をご存知でしょうか。木食とは肉類・五穀をいっさい食べず、木の実や草を食しながらひたすら修行をすることをいいます。木食上人は木食の修行を行う高僧のことで、安土桃山時代に現れた応其上人が最初だと言われています。応其上人は高野山の復興に尽力した僧侶です。江戸時代には霊験あらたかな僧侶として著名だった摂津の以空上人、仏像彫刻で知られた五行明満上人がいます。木食という苦行を行うことで身を清めると同時に、特別な宗教的能力を獲得することができると考えられています。

　木食を極限まで進めたのが即身仏です。**即身仏**とは即身成仏した行者のことで、獲得された特別な力は死後も生きていて奇跡を起こすと信じられています。即身仏になる前には千日以上にわたって木食が行われます。なかには衰弱死したり、飢えに耐えられず逃げ出す者もいました。木食後は生きながら木棺に入り、そのまま土中に埋められます。土中の木棺のなかで鉦を叩き読経し続けながら死んでいきます。3年3か月後に掘り起こされ、洗い清められて祀られます。

　東北地方の寺院には何体もの即身仏が安置されています。湯殿山にある本明寺には本明海上人、注連寺には鉄門海上人、瀧水寺の大日坊には忠海上人と円明海上人の二体の即身仏があります。大日坊の即身仏は三方がガラスになっている厨子に祀られています。どちらも完全にミイラ化しており、口を開けてやや前傾姿勢でうつむいています。

　なぜこのような苦しい修行が行われるのでしょうか。厳しい修行に耐えられること自体が通常の人間を超えていることを証明するものでしょうし、そのことによって神仏と宗教的接触が可能となったり、即身仏のように神仏そのものになることが可能となります。今はやりのダイエットのためのプチ断食などとはまったく異なるものですね。

鉄門海上人の即身仏
湯殿山注連寺（山形県鶴岡市）
1829年入定。数年にわたる木食行により身体内の窒素率が低いため、防腐処理をしなくても腐敗がおきにくいという。

資料
湯殿山総本寺瀧水寺大日坊HP

即身仏・代受苦菩薩真如海上人の紹介ページ。

宗教クイズ　問題：次の食品を、禅宗の精進料理で食べていいものといけないものに分けましょう。
牛乳、鶏肉、イワシ、納豆、卵、ひじき、昆布、かつお節、トウガラシ（正解は次頁）

59

修行の種類と構造

　諸宗教の修行を具体的に説明してきました。分類を設けることで、修行を行う目的を今少し詳細に見てみたいと思います。

（1）自己を浄化し、自分の中にある聖なるものを確認しようとする修行

　神道は清浄であることを尊ぶ宗教です。祭りを前にして、祭祀者は心身を清浄にするために潔斎を行います。祭祀者は日常的な行為を禁忌して慎まなければなりません。喪を弔うこと、病人を見舞うこと、肉を食べること、罪人を裁くこと、音楽を奏することは避けなければなりません。他にも、女性の月事、妊娠、出産といった血の穢れ、動物を含めた死と関係することは、すべて穢れとして避けなければなりません。

　禅もまた、悟りを開くために厳しい環境の下で行われます。先に見た正眼寺の臘八大接心では、三度の食事に肉や魚はなく、粥と野菜だけですませます。風呂場、食堂、禅堂は三黙堂と呼ばれ、音を立てることが禁じられます。

（2）聖なるものと同化しようとする修行

　より直接的に神や聖なるものと同化しようとして行われる修行があります。イスラームの神秘主義であるスーフィズムでは、神へといたる6つの階梯が設けられています。第1が懺悔・回心、第2が律法遵守、第3が隠筒と独居、第4が清貧と禁欲、第5が心との戦い、第6が神への絶対的信頼です。

　こうした修行はなかなか見ることができませんが、雰囲気をうかがうことができるものがあります。13世紀のトルコの神秘主義詩人ルーミーが創設したメウレウィー教団は踊る修道者といわれています。目を閉じて首を少し傾け、両手は右の手のひらを天に、左の手のひらを地にむけて開き、集団で旋回します。しだいに旋回は激しくなり、踊り手は忘我の状態となり神との合一を果たします。

（3）超自然的な能力を獲得するための修行

　シャーマンや呪術者は、常人にはない特殊な能力を獲得するために、特別な修行を行います（第8章シャマニズム参照）。

　修行は、目的を持った宗教行動です。宗教行動の背景には、宗教的な世界観が存在します。それゆえに、修行の行われる場所は特別な意味のある場所として位置づけられることがあります。教祖が初めて天上から降り立った地とか、初めて宗教者としての覚醒を得た場所などです。修行自体もむやみにつらい体験が求められるのではなく、魂の救済のためのもっとも好ましい方法、教祖が解脱するために行った修行などが模倣されて体系化されることが多いのです。

宗教クイズ　正解：食べてもいいのは納豆、ひじき、昆布。それ以外はだめです。動物性の食品は殺生にあたるため、また香辛料や酒は修行のさまたげになるとして禁じられています。

修験道には奥駈けという厳しい修行があります。大峰山の奥駈けがどのように行われるか調べてみましょう。

（解答例はQRコード）

下に、よく知られている仏教の五戒とキリスト教の十戒を並べてみたよ。なにか気づかない？

キリスト教の十戒には仏教の五戒がほとんど含まれていますね。「不飲酒戒」だけはないかな。たしか、イスラームでもお酒は禁じられていましたよね。

こうした戒律をみると、信仰者だけでなく、私たちが日常生活の中で守らなければならないきまりや手本となるものも少なくないね。道徳は宗教から生まれた、といわれることもあるんだよ。戒律をみることで、宗教的な生活のリズムを考えてみよう。

仏教の「五戒」

不殺生戒（ふせっしょうかい）　生きものを殺してはならない

不妄語戒（ふもうごかい）　嘘をついてはならない

不偸盗戒（ふちゅうとうかい）　盗んではならない

不邪淫戒（ふじゃいんかい）　姦淫しくはならない

不飲酒戒（ふおんじゅかい）　酒を飲んではならない

キリスト教の「十戒」

あなたはわたしのほかに何ものをも神としてはならない

あなたは刻んだ像（偶像）を造ってはならない

あなたの神、主の名をみだりに唱えてはならない

安息日を守ってこれを聖とせよ

あなたの父と母を敬え

殺してはならない

姦淫してはならない

盗んではならない

隣人について偽証してはならない

隣人のものをむさぼってはならない

戒律の定義
教団内部の決まりとして、信者の生活を拘束するとともに、信仰生活の基礎をなす宗教行動である。

戒律はなぜ必要なのか

戒律は教団に所属する信仰者が守るべき行為規範です。日常生活の中で、つねに戒律を意識して行動することが求められます。信者は戒律を守ることによって、宗教生活の基礎を維持することができるようになります。

●仏教と戒律

戒律といえば仏教というほど、戒律は仏教教団の修行者と深く関わっています。初期の仏教教団では、修行者が自発的に規則を守ろうとする決心を「戒」といい、教団の規則そのものを「律」といいました。律は規則ですから、破れば罰則があり、最悪の場合には教団から追放されます。

先に示した**五戒**は、修行者が自発的に守るべき「戒」です。戒にはこの他にも**八斎戒**がよく知られています。初期の仏教教団の状況を伝えているといわれる『スッタニパータ』で、釈迦が弟子たちに戒律を説いています。

仏教の戒律

次に在家の者の行うつとめを汝らに語ろう。このように実行する人は善い〈教えを聞く人〉（仏弟子）である。純然たる出家修行者に関する規定は、所有のわずらいある人（在家者）がこれを達成するのは実に容易ではない。

生きものを（みずから）殺してはならぬ。また（他人をして）殺さしめてはならぬ。また他の人々が殺害するのを容認してはならぬ。世の中の強剛な者どもでも、また怯えている者どもでも、すべての生きものに対する暴力を抑えて。

次に教えを聞く人は、与えられていないものは、何ものであっても、またどこにあっても、知ってこれを取ることを避けよ。また（他人をして）取らせることなく、（他人が）取り去るのを認めるな。なんでも与えられていないものを取ってはならぬ。

ものごとの解った人は婬行を回避せよ。燃えさかる炭火の坑を回避するように。もし不婬を修することができなければ、（少なくとも）他人の妻を犯してはならぬ。

会堂にいても、団体のうちにいても、何ぴとも他人に向って偽りを言ってはならぬ。また他人をして偽りを言わせてもならぬ。また他人が偽りを語るのを容認してはならぬ。すべて虚偽を語ることを避けよ。

また飲酒を行ってはならぬ。この（不飲酒の）教えを喜ぶ在家者は、他人をして飲ませてもならぬ。他人が酒を飲むのを容認してもならぬ。これは後に人を狂酔せしめるものであると知って。

けだし諸々の愚者は酔いのために悪事を行い、また他の人々をして怠惰ならしめ、（悪事を）なさせる。この禍いの起るもとを回避せよ。それは愚人の愛好するところであるが、しかしひとを狂酔せしめ迷わせるものである。

（『ブッダのことば　スッタニパータ』岩波書店）

●他の宗教の戒律

信者や聖職者が守るべき規則は、他の宗教にも幅広く見られます。

仏教と同じ時期に生まれたジャイナ教でも**五大戒**という厳格な戒律を守っています。不殺生、不妄語、不盗、不淫、不所有の５つで、とくに第一請戒

の**不殺生（アヒンサー）**が重要視されています。

　ジャイナ教の修行者は、生きている物を誤って吸い込まないように口にマスクのような白い布をつけ、路上の生き物を踏まないよう、ほうきで掃きながら歩いていきます。

　ユダヤ教には**律法（トーラー）**があります。トーラーは、モーセ五書、つまり旧約聖書の最初の5冊の文書「創世記」「出エジプト記」「レビ記」「民数記」「申命記」を指しています。トーラーは古代イスラエルの民が神と結んだ具体的な条項で、神の恩恵に対する応答として喜んで服すべきものと考えられています。

　キリスト教では、例としてあげた十戒の他に、カトリックの修道会則がよく知られています。カトリック教会や東方正教会には、特別な請願を立て、修道院で清貧(私有財産の放棄)、貞潔(独身生活)、服従(会の上長者への絶対的服従)を守りながら生活する修道士、修道女といわれる信仰者がいます。

　多くの修道院で用いられているベネディクトゥス会則には、日々修道士が行う日課が細かく規定されています。修道院では祈りと労働が生活の基本です。通常女子修道院では外部との交流が厳しく制限されています。

　生活は夏季と冬季では時刻に差がありますが、朝は午前1時頃には起き、昼と夜をそれぞれ12区分した時間に基づいて行動します。暁課、朝課と続く1日8回の聖務日課では、聖書などの聖句を読み上げます。1日6〜8時間の労働時間があり、戸外での農耕や植物栽培、製粉、パン焼き、台所作業などを行いました。現在でも、修道会で生産しているクッキーなどはしばしば目にする機会があります。食事はパン、豆、ブドウ酒、もしあれば果物か野菜といった具合でひじょうに質素なものでした。

　1日の終わりの終課がすむと、修道士は共同の寝室へ向かい、着のみ着のままで眠りにつきます。

トーラー
トーラーは巻物の形をしていて朗読するために用いられる。シナゴーグにあるトーラーは装飾された特別製の箱に入れられ、銀製の飾りがほどこされている。

修道女
戒律に基づいて清貧、貞潔、服従を誓い共同生活を営む場所である修道院ではほとんど私物がない。今なお電気、電話などがない修道院もある。

（動画）
女子修道院
スペイン、レルマにあるカトリックの女子修道院。多くの若い女性が神に仕えている。

山上の修道院、ギリシャのメテオラ

（動画）
メテオラ
岩の上に4つの男子修道院と2つの女子修道院が建っている。その奇景から世界遺産（文化・自然複合遺産）に指定された。

やっぱり僕には戒律を守ることも、修行をすることも無理みたい。

私はちょっとやってみたいな。旅行会社が企画しているプチ尼さん修行というのを聞いたことがあるけど、世俗から離れて静かに写経したら、つまらない悩みなんかどこかへいってしまいそう。

ところで先生、日本のお坊さんはお酒を飲むし、肉も食べるし、家には奥さんも子どももいるわけだから、とても五戒を守っているようには思えないんですけど？

日本人は全体的に戒律は苦手みたいだね。日本のお坊さんがなぜ妻帯肉食できるかについては、日本で仏教が定着した経緯や、政治との関係もあって、一概に堕落したとはいえないんだ。浄土真宗の親鸞聖人は妻帯肉食を公然と実行したらしいので、調べてみると疑問を解く鍵が見つかるかもしれないよ。

レポートを書いてみよう！

　修行は、ただ肉体を鍛えたり、苦痛を与えるために行われるものではなく、宗教的な理想や境地に到達するためのものです。引用した文章を参考にして、修行とは何か、自分の考えをまとめてみてください。

参考1　夏目漱石は東京大学の学生だった頃から禅に興味をもっていたことがわかっています。漱石は紹介状を持って鎌倉の円覚寺へ出かけています。そこで参禅をするわけですが、彼が抱えていた悩みは解決しなかったようです。漱石はその体験を『門』の中に記しています。漱石の文章から修行について考察してください。

　彼は自分の室で独り考えた。疲れると、台所から下りて、裏の菜園へ出た。そうして崖の下に掘った横穴の中へ這入って、じっと動かずにいた。宜道は気が散るようでは駄目だと云った。だんだん集注して凝り固まって、しまいに鉄の棒のようにならなくては駄目だと云った。そう云う事を聞けば聞くほど、実際にそうなるのが、困難になった。
　「すでに頭の中に、そうしようと云う下心があるからいけないのです」と宜道がまた云って聞かした。宗助はいよいよ窮した。忽然安井の事を考え出した。安井がもし坂井の家へ頻繁に出入でもするようになって、当分満洲へ帰らないとすれば、今のうちあの借家を引き上げて、どこかへ転宅するのが上分別だ

ろう。こんな所にぐずぐずしているより、早く東京へ帰ってその方の所置をつけた方がまだ実際的かも知れない。緩くり構えて、御米にでも知れるとまた心配が殖えるだけだと思った。

「私のようなものにはとうてい悟は開かれそうに有りません」と思いつめたように宜道を捕まえて云った。それは帰る二三日前の事であった。

「いえ信念さえあれば誰でも悟れます」と宜道は躊躇もなく答えた。「法華の凝り固まりが夢中に太鼓を叩くようにやって御覧なさい。頭の顛辺から足の爪先までがことごとく公案で充実したとき、俄然として新天地が現前するのでございます」

宗助は自分の境遇やら性質が、それほど盲目的に猛烈な働をあえてするに適しない事を深く悲しんだ。いわんや自分のこの山で暮らすべき日はすでに限られていた。彼は直截に生活の葛藤を切り払うつもりで、かえって迂濶に山の中へ迷い込んだ愚物であった。

彼は腹の中でこう考えながら、宜道の面前で、それだけの事を言い切る力がなかった。彼は心からこの若い禅僧の勇気と熱心と真面目と親切とに敬意を表していたのである。

「道は近きにあり、かえってこれを遠きに求むという言葉があるが実際です。つい鼻の先にあるのですけれども、どうしても気がつきません」と宜道はさも残念そうであった。宗助はまた自分の室に退いて線香を立てた。

こう云う状態は、不幸にして宗助の山を去らなければならない日まで、目に立つほどの新生面を開く機会なく続いた。いよいよ出立の朝になって宗助は潔よく未練を抛げ棄てた。

「永々御世話になりました。残念ですが、どうも仕方がありません。もう当分御眼にかかる折もございますまいから、随分御機嫌よう」と宜道に挨拶をした。宜道は気の毒そうであった。

「御世話どころか、万事不行届でさぞ御窮屈でございましたろう。しかしこれほど御坐りになってもだいぶ違います。わざわざおいでになっただけの事は充分ございます」と云った。　（夏目漱石『門』岩波文庫）

参考2　引用した文章は、テキストで紹介した千日回峰行のルポルタージュの一部です。修行の厳しさの背景にどのようなものがあると思いますか。

（酒井雄哉氏が回峰に向かうところ）

比叡山千日回峰行、延べ千日、7年にわたって山の峰々を歩き回り修行する独特の行である。真夜中の1時から朝の10時まで、毎日40キロ山中を歩き続ける。たとえ病気や怪我をしても、休むことは許されない。袴と足袋をはき、手甲脚絆をつけ、上衣を着る。そして蓮華を表す笠をかぶる。これが千日回峰行者独特の装束である。

夜中、お加地をうけようとする信者に加地を施す。

回峰行は別名、歩行禅、歩く禅といわれる。平安初期相應和尚が始めた。それは中国五台山の巡礼にならい、日本独自の修験道を取り入れた行である。1日40キロ、千日間で4万キロ、じつに、地球を一回りすることになる。記録によると、天正年間以来、これまで400年の間に、千日回峰行を成し遂げた僧は、わずかに40人あまり。10年に1人、現れるかどうかである。

酒井さんが千日回峰行を決意したのは49歳。昭和50年4月7日である。その日は、亡くなった奥さんの命日であった。いったん始めた回峰行は、途中で失敗すれば死ね、という厳しい不文律がある。50歳を前にした酒井さんがこの行に入ることに、多くの人が不安を抱いた。この1年、酒井さんは米の飯を食べていない。1日2食。うどん、豆腐、じゃがいもだけ。9日間の断食に備えるためである。毎日の睡眠は3時間あまり。それで40キロの山道を歩く。

（NHK特集「行　比叡山　千日回峰」より）

第6章 神　話

現代に生きる神話的世界

「スターウォーズ」という映画は観たことあるかな。

僕、大ファンで、全シリーズ観てます！　最新作のエピソード9「スカイウォーカーの夜明け」は、スカイウォーカー家の物語の最後を飾る作品というんですが、もっと見たいですね。
ヒロインのレイちゃんが凛々（りり）しいです。

おっと、よくわかったよ、ありがとう。
ところで、ジョージ・ルーカス監督が映画を作るときにジョセフ・キャンベルという神話学者の本を参考にしていたっていうエピソードは知ってるかな？
キャンベルは、多くの神話にたくさんの英雄が登場するけれど、まるで一人の英雄が異なった仮面をつけて現れているようだと指摘しているんだ。

予　習
あなたはどう思いますか

　引用文は、古代メソポタミアの宗教を研究する渡辺和子が、宮崎駿監督作品『崖の上のポニョ』を分析した論文です。本文で示しましたが、神話は、過去にたった一度起こった生きた現実、という矛盾した説明のされ方をします。みなさんはこの文章からどのようなことを考えますか。

引用

　大災害の後には、それを連想させる場面を含む映画は上映中止になる。もし東日本大震災のときに『崖の上のポニョ』（宮崎駿監督アニメーション映画、2008年公開、以下『ポニョ』）が上映中であったら、これも上映中止になるだろうと考えた人も多い。しかし震災後しばらく経つと、新聞や雑誌でも、今こそ読みたい、あるいは読みなおしたい作品といった趣旨の作品紹介が目につくようになった。それらの作品は悲惨な場面を含んでいても、今日の状況を予言している、今こそ生きる力を与えてくれるなどと評されている。

　もちろんこのような読み直しは、神話や伝統宗教の文書においては常に行われてきたことである。しかし東日本大震災を契機として、被災者以外の人々も過去の辛い体験を思い起こして想像力を膨らませながら、作品再読の大きな潮流を創り出しているようにみえる。このような気づきと読み直しは、大げさにいえば人類の今後にとってますます重要になってゆくのではないか。本論では『ポニョ』の再考を試みて、無数にあり得る鑑賞者の『ポニョ』論の一つを提示してみたい。

＊続きはQRコードから読めます。

（渡辺和子「ポニョの海の中と外──「初源神話」の創出」『現代宗教2012　特集　大災害と文明の転換』）

神話の世界

ギリシャ神話の神ゼウス
ギリシャ神話の最高神でオリンポスの神族の長。ティタン神のクロノスとレアの子として生まれた。天空神として雷、雲、雨、雪などの気象を司どるとともに、人間社会の秩序の維持者でもあった。

アララト山
トルコにある標高5137mの山。ノアの方舟の漂着した所として旧約聖書に記され、現在も方舟を探して衛星探査などが行われている。

　宗教的世界は口承や教典などによって伝えられますが、そうした世界観には、しばしば天地が創世されたり、人類を初めとした万物が創造されます。神々の闘い、英雄の出現など、多様な物語が織り込まれています。こうした物語は**神話**と呼ばれています。

　「神話」にあたる英語 myth は、ギリシャ語のミュトス（Muthos）に由来しています。ミュトスは元来、宣言や命令を意味する言葉でしたが、しだいに神々しい啓示や世界の起源についての記述を表すようになりました。

　神話と似た言葉に伝説や昔話があります。**伝説**は実在したと信じられる人や出来事について語られます。たとえば、武田信玄が戦で負った傷を癒すのに使ったとされる温泉は数多く存在します。一方、**昔話**は漠然とした昔に起きたことで、昔話の世界では同じことが何度でも繰り返し起こります。

　ところが神話は、伝説や昔話と異なり、たった**一度起こっただけの生きた現実**と考えられています。かつて原初の時に起こり、それ以来世界と人々の運命に影響を与え続けていると信じられている生きた現実です。旧約聖書の創世記に書かれたさまざまな物語は、信仰する人々にとっては、真実の時間と場所で起こった出来事です。今でもトルコのアララト山に、ノアの方舟を探しに行く人々がいます。アララト山は、『旧約聖書』の中で、ノアの方舟が漂着する山です。ダーウィンの進化論を否定し、人間は神が塵芥を集めて作ったと考えている人々が世界には大勢いるのです。

> **神話の定義**
> 世界のはじめの時代において起こった一回的な出来事を語った物語で、信じる者の行為と思考を決定する聖なる物語である。

　宗教的世界は、神話によって語られ、儀礼によって表現されます。現出する神話的世界は、自分たちがどこから来て、なぜここにいるのかについて答えを与えてくれます。

世界の起源

　さまざまな神話の中でも、もっとも重要な意味を持っているのは**創世神話**です。創世神話は内容によって、**世界起源神話**、**人類起源神話**、**文化起源神話**などに分けることができます。

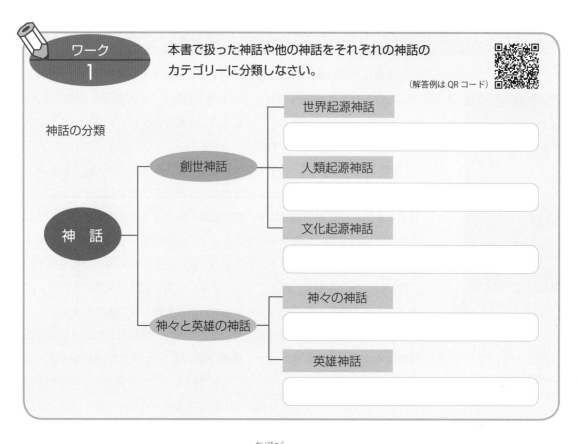

ワーク 1 本書で扱った神話や他の神話をそれぞれの神話の
カテゴリーに分類しなさい。

（解答例はQRコード）

神話の分類

神　話

創世神話

世界起源神話

人類起源神話

文化起源神話

神々と英雄の神話

神々の神話

英雄神話

創世神話は**天地開闢神話**（かいびゃく）といわれることもあります。世界中に多くの創世神話がありますが、おおよそ6つのタイプに分けて考えることができます。

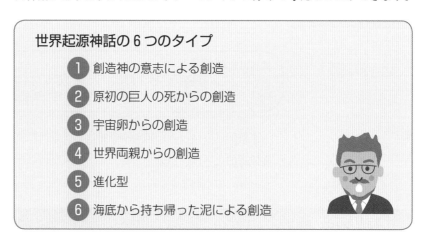

世界起源神話の6つのタイプ

1. 創造神の意志による創造
2. 原初の巨人の死からの創造
3. 宇宙卵からの創造
4. 世界両親からの創造
5. 進化型
6. 海底から持ち帰った泥による創造

●創造神の意志による創造

　創造神の意志による創造でもっともよく知られているのは『旧約聖書』の「創世記」でしょう。皆さんは読んだことがありますか。

『旧約聖書』「創世記」（新共同訳）

初めに、神は天地を創造された。

地は混沌であって、闇が深淵の面にあり、神の霊が水の面を動いていた。

神は言われた。「光あれ。」こうして、光があった。

神は光を見て、良しとされた。神は光と闇を分け、光を昼と呼び、闇を夜と呼ばれた。夕べがあり、朝があった。第一の日である。

神は言われた。「水の中に大空あれ。水と水を分けよ。」

神は大空を造り、大空の下と大空の上に水を分けさせられた。そのようになった。

神は大空を天と呼ばれた。夕べがあり、朝があった。第二の日である。

神は言われた。「天の下の水は一つ所に集まれ。乾いた所が現れよ。」そのようになった。

神は乾いた所を地と呼び、水の集まった所を海と呼ばれた。神はこれを見て、良しとされた。

神は言われた。「地は草を芽生えさせよ。種を持つ草と、それぞれの種を持つ実をつける果樹を、地に芽生えさせよ。」そのようになった。

地は草を芽生えさせ、それぞれの種を持つ草と、それぞれの種を持つ実をつける木を芽生えさせた。神はこれを見て、良しとされた。夕べがあり、朝があった。第三の日である。

神は言われた。「天の大空に光る物があって、昼と夜を分け、季節のしるし、日や年のしるしとなれ。天の大空に光る物があって、地を照らせ。」そのようになった。

神は二つの大きな光る物と星を造り、大きな方に昼を治めさせ、小さな方に夜を治めさせられた。神はそれらを天の大空に置いて、地を照らさせ、昼と夜を治めさせ、光と闇を分けさせられた。神はこれを見て、良しとされた。夕べがあり、朝があった。第四の日である。

神は言われた。「生き物が水の中に群がれ。鳥は地の上、天の大空の面を飛べ。」

神は水に群がるもの、すなわち大きな怪物、うごめく生き物をそれぞれに、また、翼ある鳥をそれぞれに創造された。神はこれを見て、良しとされた。

神はそれらのものを祝福して言われた。「産めよ、増えよ、海の水に満ちよ。鳥は地の上に増えよ。」夕べがあり、朝があった。第五の日である。

神は言われた。「地は、それぞれの生き物を産み出せ。家畜、這うもの、地の獣をそれぞれに産み出せ。」そのようになった。

神はそれぞれの地の獣、それぞれの家畜、それぞれの土を這うものを造られた。神はこれを見て、良しとされた。

神は言われた。「我々にかたどり、我々に似せて、人を造ろう。そして海の魚、空の鳥、家畜、地の獣、地を這うものすべてを支配させよう。」

神は御自分にかたどって人を創造された。神にかたどって創造された。男と女に創造された。

神は彼らを祝福して言われた。「産めよ、増えよ、地に満ちて地を従わせよ。海の魚、空の鳥、地の上を這う生き物をすべて支配せよ。」

神は言われた。「見よ、全地に生える、種を持つ草と種を持つ実をつける木を、すべてあなたたちに与えよう。それがあなたたちの食べ物となる。地の獣、空の鳥、地を這うものなど、すべて命あるものにはあらゆる青草を食べさせよう。」そのようになった。

神はお造りになったすべてのものを御覧になった。見よ、それは極めて良かった。夕べがあり、朝があった。第六の日である。

天地万物は完成された。

第七の日に、神は御自分の仕事を完成され、第七の日に、神は御自分の仕事を離れ、安息なさった。

この日に神はすべての創造の仕事を離れ、安息なさったので、第七の日を神は祝福し、聖別された。

創造主による世界創造はキリスト教だけではありません。古代オリエント、中国の布朗族や侗族、アフリカのマリのドゴン族など世界中に見られます。シベリアのブリアート族は世界の創造を次のように考えています。

シベリア・ブリアート族の神話
　原初、世界は混沌としていて闇の中に創造神エル＝ボルハンがぼんやりと浮かんでいました。創造神は天と地を分離しようと決め最初に野鴨を造りました。野鴨は水中に潜って泥をくちばしに挟んで戻り、エル＝ボルハンはこの泥で母なる大地ウルゲンとその上に植物と動物を造りました。

漢族の神話は神々の創造を次のように語ります。

漢族の神話
　漢族の神話によると、太古女媧というひとりの女神が出現しました。彼女は荒涼たる光景の中で孤独を感じ、万物を創造する力を用いて自分と同じ人間を作ろうと考えました。女媧は黄土をこね人間を作りあげ、しだいに地に人が満ちていくことになります。

創造主による神話は、基本的に混沌・無からの創造、秩序の構築がテーマになっています。

●原初の巨人の死からの創造

ゲルマン神話の神オーディン
オーディンは北欧神話の最高神で戦の神。手に持っているのは、グングニルという魔法の槍。

巨人や神が死んで、死体から宇宙が創造されたと考える神話も広く世界的にみられます。よく知られているのは中国の盤古の**死体化生神話**です。

『五運歴年記』（3世紀）や『述異記』（6世紀）によると、原初には何も存在しておらず、気が満ちているだけでした。ものの生じる萌芽が始まり、天は陰陽に感じて盤古という巨人を産みました。そして盤古が死ぬと、死体がさまざまなものに化して天地の間に万物が具わるようになりました。息は風雲、声は雷、左目は太陽、右目は月となりました。手足と体は天を支える柱や山々、血液は川、肉は土、髪毛や髭は星、皮や毛は草木、歯や骨は金属や石、汗は流れて雨、そして身体に寄生していた虫は風に感じて人民となったといいます。

ゲルマンの神話
　ゲルマンの北欧神話での天地創造は巨人殺しから始まります。オーディン、ヴィリ、ヴェーの三兄弟は原初の巨人ユミルを殺します。そしてユミルの死体から大地、月、星を創造します。オーディンの活躍する神話の世界はワーグナーの『ニーベルングの指輪』としてよく知られています。

インドの『リグ・ヴェーダ』にある原人プルシャの死体化生やゲルマンの『エッダ』の原人ユミルなども同じタイプの神話です。

宗教の格言 キリストは愛によってひとりで天国を建設したが、今日までキリストのために何万人という人々が死んだことか。
（ナポレオン：フランスの政治家）

●世界両親からの創造

世界両親は聞いたことのない用語だと思います。両親から子どもが生まれるように、世界を産んだ親が想定されるような神話のことです。代表的な神話に『古事記』の「国生み」があります。

資料
神社本庁HP

『古事記』「国生み」

　さて初めに宇宙に現われた三柱の天神は、この時、相談のうえ、伊邪那岐命（イザナギノミコト）と伊邪那美命（イザナミノミコト）との二柱の神に、次のような言葉を与えた。
「地上の有様を見るに、まだ脂のように漂っているばかりである。お前たちはかの国を、人の住めるように作りあげよ。」
　このように命令して、天沼矛という玉飾を施した美しい矛を授けた。国をつくるという重い役目を負わされたイザナギとイザナミの二柱の神は、天と地との間に懸けられた天浮橋の上に立ち、授けられた矛を、海の上に脂のように漂うものの中へ突き下ろして、ぐるぐると掻きまぜた。掻きまぜるにつれて、初めは水のように薄いものが、しだいに膏の煮かたまるように、こおろこおろと凝ってゆき、やがて海の水からその矛を引き上げると、矛の先を伝わって一滴一滴と潮がしたたり落ちた。そのしたたり落ちた潮が、しだいに積もりかたまってついに島となった。これを淤能碁呂島と呼ぶが、これは神々の生んだ島でなく、しぜんと凝りかたまってできた島という意味である。
　二柱の神はそこで天浮橋から、新しくできたこの島へと降ってみた。そこで地形を見届けて、ほどよいところに太い柱を立て、それを中心として八尋もある（とても広い、の意。「八」は「たくさんの」という意味で用いられる）広い御殿を建てた。そのうえで、イザナギノ命は妻のイザナミノ命に次のように尋ねた。
「お前の身体は、どのようにできているのか？」
「私の身体は、これでよいと思うほどにできていますが、ただ一ところだけ欠けて充分でないところがございます。」こう女神は答えた。イザナギノ命がそれを聞いて言うには、
「私の身体も、これでよいと思うほどにできているが、ただ一ところ余分と思われるところがある。そこでどうだろう、私の身体の余分と思われるところを、お前の身体の欠けているところにさし入れて、国を生もうと思うのだが。」
「それは、よろしゅうございましょう。」こうイザナミノ命も同意した。
「それでは私とお前とで、この中央の柱のまわりを両方から廻り、行き会ったところで夫婦のかためをしようではないか。」このように約束を定めて、さらに男神が言うには、
「それならばお前は柱の右側から廻りなさい。私は左側から廻ろう。」
　約束がととのい、男女の神はいよいよ柱の右と左とから廻り始めたが、その時にイザナミノ命が、まず、「あなにやしえおとこを。」ああ、なんという見目麗しい人でしょう、と感嘆した。
　そのあとを追って、イザナギノ命が、「あなにやしえおとめを。」ああ、なんという見目麗しい乙女だろう、と感嘆した。

（福永武彦『現代語訳　古事記』河出文庫）

矛で海をかきまぜるイザナギ。左はイザナミ
（小林永濯画）

宗教の格言　弱者、あるいは弱くなっている人たちは、神の信仰を必要とする。だが、太陽と生命を自己の内部に有する人は、自己以外のどこに信仰を探しにいくことがあろうか。　（ロラン『ジャン・クリストフ』）

**古代オリエントの神
マルドゥク**
バビロンの最高神。彼を主人公に
した神話に『エヌマ・エリシュ』
（10頁参照）がある。

●その他の創世神話

　その他の創世神話についても簡単に説明をしておきます。具体的な事例は自分で当たってみてください。

　進化型の創世神話は、自然に次々と世界の要素が整っていくタイプです。マオリ族の神話では、原初の虚無からしだいに夜、昼、空間、天、大地などが生まれました。

　海底から持ち帰った泥による創世神話は潜水型ともいわれています。さきほど「創造主の意思による世界創造」でブリアート族の野鴨の神話を説明しましたが、創造神エル＝ボルハンは、野鴨が潜って持ってきた泥から大地を造りました。

　他にも分類の仕方はありますし、複合した神話も数多く見られます。

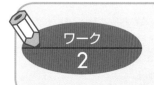
**ワーク
2**　神話に関する事典・辞典を使って「宇宙卵からの創造」の神話を調べなさい。

（解答例はQRコード）

人類起源神話と文化起源神話

　人類起源神話は、人間の起源を説明する神話です。すでに世界創造神話の中に、人類の創造が含まれている場合もあります。あるいは、世界はすでに存在していて人類の起源が物語られることもあります。

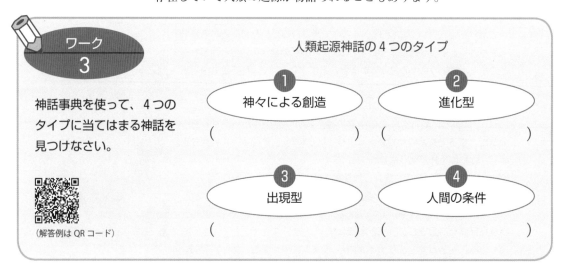

**ワーク
3**

神話事典を使って、4つのタイプに当てはまる神話を見つけなさい。

（解答例はQRコード）

人類起源神話の4つのタイプ

① 神々による創造　（　　　　　　）

② 進化型　（　　　　　　）

③ 出現型　（　　　　　　）

④ 人間の条件　（　　　　　　）

　創造型は、創造神が1人で、あるいは協力者と一緒に、あるいは反対者と争いながら人類を生み出したという神話です。

**宗教の
格言**　宇宙には同一のデザイナーのしるしがある。だから、すべてのものは唯一の、また同一の存在者に帰属するものでなければならない。
（ニュートン：イギリスの科学者）

古代オリエントの神話

古代オリエントの神話によれば、天地はマルドゥクという神によって作られました。マルドゥクは復讐に燃えるティアマトの体に風を入れて膨れあがらせ、矢を放って2つに裂いてしまいます。そして割れたティアマトの体の半分から天を、もう半分から地を創造しました。ティアマトはさらに多くの神々を創造し、天地の運行を決め、人間を作って神々に仕えるようにさせました。

進化型は、人類が原初の物質や生物から自然的に進化、発達したという神話です。古代ペルー神話によると、人類は飢餓と洪水によって二度破滅しました。その後、天から3個の卵が降り、そこから現在の人類が出てきました。金の卵からは祭司が、銀の卵からは戦士が、そして銅の卵からは庶民が出てきたといいます。

出現型は、人類が地中から出現したり、天から降下したり、樹木から出現したという神話です。インドのアッサム地方のアオ・ナガ族は、ディック河の近くの地中から人類が出現したといいます。また、西アフリカのニョニョセ族には、人間の一部は大地から現れ、他の部分は天から降ったという神話があります。

ノアの方舟
神は最初に作った人類が堕落したために大洪水を起こし、ノアが神の命令でつくった方舟に乗っていたものだけが助かった。方舟にはノアのほかに妻と3人の息子とその妻たち、すべての動物のつがいが乗っていた。洪水は150日間（もしくは40日）続き、方舟はトルコのアララト山に漂着した。

人間の条件は、人間が人間であることの条件、たとえば「死」の起源であるとか、生殖に関する神話、男女の起源、あるいは洪水によって古い人類が死んで生き残った者が現在の人類の祖となったという神話をいいます。洪水神話は、『旧約聖書』に出てくる「ノアの方舟」の話が有名ですね。

文化起源神話は、火や作物の起源に関する神話です。火の起源でよく知られているのはギリシャ神話のプロメテウスの物語でしょう。

ギリシャ神話

プロメテウスが自分を騙そうとしたことに腹を立てたゼウスは、報復として人間から火を奪い使えないようにしました。人間に同情したプロメテウスは、天上から火を盗み出し、人間に与えました。

火を得ることで文化を持つことができるようになるという神話は、ブラジル国境付近に住むガラニ族にも見られます。

火の獲得による調理、食事という文化の形成が語られています。

ブラジル・ガラニ族の神話

昔、火は魔法使いの禿鷹に占有されていたので、人間はしかたなく肉を太陽の熱で乾かして食べていました。神の子ニアンデルは策を用いて禿鷹から火を取り返したのです。

宗教の格言 愛は家庭で始まります。自分自身の家庭に愛が持てなければ、外の人びとを愛することはできません。
（マザー・テレサ『愛と祈りの言葉』）

宇宙卵からの創造とか、海底の泥から大地が造られたとか、昔の人は想像力が豊かだったんですね。

世界中に同じようなモチーフの神話があるのが興味深いですね。ところで、そろそろ英雄たちの活躍する神話が知りたいんですが…。「スターウォーズ」との関係が気になっちゃって。

おまたせしたね。古代文明が展開して国家が生まれ、階級が成立するようになると、しだいに創世神話の比重が低下して、神々や英雄の神話が登場するようになるんだ。

神々と英雄の神話

　神話といえば、一般的に思い出すのは、ギリシャやローマの神話、人によっては北欧神話を思い出すかもしれません。そうした神話で語られるのは、ゼウス、オデュッセウス、ヘラクレス、オーディンといった神々の物語です。神々を中心とした神話が生まれた背景には、国家といった制度や支配者を神話によって神聖化する目的があったのではないかと考える研究者もいます。つまり、英雄の働きや武勲を賛美し称えることに意味があった古代社会において、英雄神話は盛んになります。

ゲルマン神話
　シグルズはゲルマンの最高神オーディンの子孫として生まれました。父親は闘いで殺され、母親は逃走の途中でデンマーク王と出会い王妃となります。シグルズは鍛冶屋のレギンによって育てられ、自分の兄弟で竜の姿で黄金を守っているファーブニルを殺すよう勧められます。シグルズは名剣グラムによって竜の心臓を刺して殺しますが、死んでいく竜は黄金が人々に災いと不幸をもたらすと予言します。闘いの時には隠れていたレギンが、竜の心臓を焼いて食べさせてくれるようシグルズに頼むのですが、心臓を食べると誰よりも賢く、黄金も手に入れられることを知ったシグルズはレギンの策略を見破り、寝ていたレギンの首を切り落としました。

　こうした神話には多くの共通する要素を見ることができます。たとえば、英雄は神と人間の間に生まれた子どもである、子どもの頃に捨てられる、僻地や辺境で育てられる、超人的な活躍で武勲を立てたり怪物を退治したりする、劇的な死を迎える、といった要素です。

 神は、もはや人間の力では助けられない時のみ助ける。（シラー：ドイツの詩人『ヴェルヘルム・テル』）

ジョゼフ・キャンベル
Joseph Campbell
1904–1987
アメリカの神話学者。ニューヨークに生まれ、コロンビア大学を卒業後、ヨーロッパの大学で学んだ。『千の顔をもつ英雄』はキャンベルが単独で書いた初めての著作である。

アメリカの宗教学者**キャンベル**は著書『千の顔をもつ英雄』で、世界各地の英雄神話は共通の行動パターンを持っていると述べました。英雄たちの行動パターンはまるで同じ人物が千の顔を持って現れているようだ、というのです。英雄の行動パターンは、脱出・試練・帰還というストーリーで表されます。ひとりの英雄が日常世界から脱出して、超自然的な驚異の国へと旅をします。邪悪な力に出会って危機に陥りますが、友好的なものの手助けによって邪悪な力にうち勝つ決定的な力を身につけ勝利します。そして彼が帰属する人々のもとへ、大いなる力や財宝を伴って帰還します。

桃太郎の話を思い出してください。桃太郎は育ててくれたおじいさんとおばあさんのもとを離れ、鬼退治に向かいます。途中でキジとサルとイヌに出会い家来にします。鬼ヶ島に渡って、家来の助けを借りながら鬼退治をし、宝物を持って帰ります。

こうしたストーリーは、ギリシャのプロメテウスやオデュッセイアの話にも当てはまりますし、現在のゲームソフトにも見られます。事実キャンベルも、映画「スターウォーズ」に英雄神話のストーリーが見られると述べています。ルークたちは冒険に出かけ、修行によりフォースを獲得して戦いに勝利し、そして帰還します。神話は現代にも生きている、というわけです。

比較神話学の試み

ギリシャ神話の女神アテナ
ギリシャ神話の重要な女神の一人。ギリシャ都市の神、知恵の神、戦争の神で、知恵の象徴である聖なる鳥フクロウを従えている。冑、槍、ゴルゴンの首を中央につけた盾で武装した姿で描かれる。

神話学者の松村一男は「処女懐胎」というキーワードを使って、多様な神話の構造を説明しています。処女懐胎とは、処女が不思議な仕方で妊娠し異能の男子を出産することを意味しています。一般的にはイエスの母親マリアが思い浮かびますね。ところが神話的世界では、処女降誕はマリアだけではありません。天照大神は、母親からではなく父親のイザナギから生まれています。イザナギが黄泉の国から帰還した直後に行った禊ぎの際に、月読、スサノオとともに生まれました。また、天照大神はオシホミミという子どもを設けていますが、夫との間に生まれた子どもではありません。スサノオと天の安河において宇気比（誓約）を行ったときに、天照大神の勾玉から生まれたのです。神々の世界は、人間の行いを超えています。

ギリシャ神話の女神アテナも父親のゼウスから生まれてきます。ウラノスとガイアが、メティスから生まれる男児によってゼウスの王位が奪われると予言したために、ゼウスはメティスを呑み込んでしまいます。そして工匠神ヘパイストスがゼウスの額を割ったところ、完全武装して生まれてきたのが

宗教の格言　幸福は唯一の善であり、理性は唯一の案内灯であり、正義は唯一の崇拝物であり、人道は唯一の宗教であり、愛は唯一の僧侶である。　　　（インガソル：アメリカの法学者『エバン・インガソルへの言葉』）

釈迦の母マーヤー
釈迦の母親。近隣のコーリヤ族出身。釈迦誕生から7日後に他界し忉利天に昇ったとされる。マーヤーの死後、釈迦の継母となったマハープラジャーパティーは妹である。

アテナです。アテナにはエリクトニオスという子どもがいますが、アテナも処女のまま子どもを産んでいます。アテナに欲情をもよおしたヘパイストスは、交わろうとしてアテナの足に精液をまいてしまいます。怒ったアテナは毛でこれをふき取り大地に投げたところ、エリクトニオスが生まれました。

釈迦の母マーヤーも同じようなやり方で釈迦を生んでいます。マーヤーは6本の牙のある白像が右の脇腹から胎内に入る夢を見て懐妊します。マーヤーは出産が近づくと、郊外のルンビニーに出かけました。マーヤーが無憂樹(じゅ)の木に近づくと菩薩(ぼさつ)の神通力によって枝が下がります。マーヤーがその枝を右手でつかんだところ、右の脇腹から釈迦が生まれたとされます。

こうして並べると、時代も地域も異なる神話が関連性を持って見えてきます。

最後に現代社会における神話について考えてみよう。アニメやマンガ、ゲームには多くの女神や神話的キャラクターが出てくるけど、このことをどう理解したらいいと思う？

女神や巫女さんが出てくるアニメはたくさんありますね。宗教とは関係なさそうな「ドラゴンボール」や「ワンピース」にも神や英雄が出てきます。

ストーリーもキャンベルの指摘と同じですね。主人公が日常世界を脱出して、真の友人を得たりアイテムを獲得しながら試練を積んで敵を倒し、もとの世界に英雄として帰還するっていうのは、かなり当てはまっています。

では、神話が私たち、とくに若者の間で普通に受け入れられている事実は、「現代における神話の復活」といえるのだろうか。神話はたんなる物語ではなく、「生きた現実」でもあることを考えると、今の日本社会に北欧神話や古代の神々が甦ったとは思えない。むしろ、ゲームの中でしか英雄神話が語られないことに、現代文明の脱神話化が現れているんじゃないのかな。

レポートを書いてみよう！

① 　宗教的世界は、口承や経典の形式で神話的世界を伴って語られることになります。神話の世界は文化の奥深い世界を表し、私たちがふだん意識することなく考え、行っていることに意味を与えています。神話をどのように理解したらいいのか、考えてみましょう。

参考1 　本章で桃太郎を取りあげましたが、キャンベルの指摘した英雄神話に見られるパターン（脱出、試練、帰還）に着目して、身近な英雄神話について当てはまるものを探してみましょう。本文でも紹介した『千の顔を持つ英雄』の一部を紹介しておきます。キャンベルの説明は、豊富な神話を縦横無尽に引用しながら、ストレートに響いてくるように思います。

　英雄の神話的冒険が通常たどる経路は、通過儀礼を説明するさいにつかわれる公式「分離─イニシエーション─再生」を拡大したもので、これを原質神話の核心を構成する単位だといってしまってもかまわないかもしれない。

　英雄は日常世界から危険を冒してまでも、人為の遠くおよばぬ超自然的な領域に赴く。その赴いた領域で超人的な力に遭遇し、決定的な勝利を収める。英雄はかれにしたがう者に恩恵を授ける力をえて、この不思議な冒険から帰還する。

　プロメテウスは天上に昇って、神々の火を盗みだして地上に降りてきた。イアソンはシュンプレガデスの二枚岩をかいくぐって大海に船出し、黄金の羊毛を護っていた巨竜を籠絡して羊毛を手に入れて帰還し、正統な王権を簒奪者から奪いかえす力を手に入れた。さらに英雄アイネイアスは、恐るべき死の河を渡って地下界にたどりつき、三つの頭をもった番犬ケルベロスに餌を投じ〔て懐柔し〕、ついに亡父〔アンキーセス〕の精霊と親しく話をかわすのに成功した。かくていっさいがアイネイアスに開示された。つまりもろもろの魂の運命と、かれが築きあげようとしていたローマの運命と、「苦難をいかに耐え忍ぶべく、また避くべきか」を垂示するものであった。こうしてかれはこの世で活躍すべく、眠りの家の象牙の門をくぐり抜けて帰って行った。

　英雄の任務にまつわるさまざまな困難と、そうした任務を徹底的に理解し厳粛に実行するときあらわになるその崇高な意味との格調高い表現は、偉大なるブッダ〔仏陀〕の闘争として代々伝えられている説話のうちに垂示されている。（略）

　のちにみるようにオリエントにおけるおびただしいほとんど無限とも思われるイメージにおいてであれ、ギリシア人の生気溢れる記述においてであれ旧約聖書の荘厳な伝承においてであれ、描かれている英雄の冒険は通常、上述した核を構成する単位の、すなわち世界からの分離、なんらかの力の源泉への参入、活気溢れる帰還のパターンにしたがっている。東洋全土はゴータマ・ブッダによりとりもどされた慈悲──その仏法の驚嘆すべき教え──によって祝福され、西欧においてはモーセの十戒がまさしくこれに照応する。ギリシア人はプロメテウスの世俗超越的行為たる火の獲得に、あらゆる人類文化の最初の支えを見出した。またローマ人は陥落したトロイからのアイネイアスの脱出と無気味な冥界訪問をたどりながら、世界を支える都市の建設をかれにもとめている。関心の領域（たとえそれが宗教的関心であれ、政治的関心であれ、個人的関心であれ）がいかなる種類のものであっても、真の創造的営為はいかなる場合にもある種の俗世放棄から派生するものとして描かれる。再生し、威厳を身につけ、創造力溢れる人物として帰還するのを目的とした英雄が俗世放棄の期間中に体験するできごとを、人びとも異口同音に顕彰する。ゆえ

にわれわれとしては啓示されるものをつねに追認しようと心がけて、普遍的冒険の典型的な段階をたどりながら数限りなく出現する英雄像にしたがいさえすればよいのであろう。こうする結果、現代生活にたいするかれらのイメージばかりでなく、抱負、力、有為転変、叡知における人間精神の核になる本質をも理解する手がかりがえられるはずである。
(ジョゼフ・キャンベル『千の顔をもつ英雄』人文書院)

2 予習でも見たように、アニメやマンガ、あるいはコンピューター・ゲームにはしばしば神話のキャラクターやモチーフが見られます。これはどのようなことを意味していると思いますか。

参考2 さまざまな解釈が可能だと思いますが、ここでは神話学者の平藤喜久子の論文「グローバル化社会とハイパー神話——コンピューター RPG による神話の解体と再生」を参考にして考えてみてください。

[引用]

　古来より、神話はさまざまな形で「利用」されてきた。芸術家たちによって絵画や彫刻、小説、映画といった作品の主題とされることもあれば、戦時期の日本を例に挙げるまでもなく、ときにはナショナリズムを高揚するためのプロパガンダにもなり、またその神話を有する「民族」の民族性を論じる論拠にもなる。フロイトやユングの登場以降は、精神的、心理的問題を解決するための道具ともなり、現在は臨床の現場でも役立てられている。神話がどのように利用されてきたのか、その時代背景、社会状況との関わりはどうなっているのか、といった点を研究することも、現代の神話学では必要な課題であると考える。そこで本稿では、「神話と現代」という課題について、現代のグローバル化社会において神話がどのように利用されているのかという視点から考察してみることにしたい。
　神話を利用している現代的メディアといえば、マンガやアニメ、コンピュータゲームなどがすぐに思い浮かぶだろう。マンガやアニメでは、日本神話の神サルタヒコをモデルとした「猿田彦」や「猿田博士」が狂言回しとして登場する手塚治虫の『火の鳥』(1985)をはじめ、北欧神話の神々が現代日本に現れるという『ああっ女神さまっ』(藤島康介、1988-)や『魔探偵ロキ』(木下さくら、1999-2004)など、挙げればきりがないほど、神話は多彩に取り込まれている。しかし本稿ではとくにコンピュータ・ロール・プレイング・ゲーム(以降、コンピュータ RPG と約す)に注目することにしたい。それは、コンピュータ RPG が1980年代に登場した比較的新しいメディアであり、また現代社会の重要な側面である高度情報化やグローバル化との関係もきわめて密接であると考えられるからである。

＊続きは QR コードから読めます。

(平藤喜久子「グローバル化社会とハイパー神話——コンピューター RPG による神話の解体と再生」
松村一男・山中弘編『神話と現代』宗教史学論叢12、リトン)

これで半分の6章が終わりました。次頁のコラムも宗教を理解するための重要なコラムです。ぜひ参考にしてください。

カリスマ

教皇はカトリック教会のカリスマ。第265代ローマ教皇、フランシスコ（在位：2013年〜）

　「カリスマ」は、比較的聞くことのある言葉ではないでしょうか。カリスマ的存在とか、あの政治家にはカリスマ性があるとか。金髪に髪を染めた歌手・女優の美輪明宏さんは、愛と美のカリスマと呼ばれているようです。そうした場合には、普通の人とは違った特別な能力や技量（カリスマ美容師など）を持っている人のことを指しています。

　カリスマはもともとギリシャ語で「神の賜物」を意味し、特定の人物に備わった超自然的・超人間的な特質を指しています。

　宗教社会学者のマックス・ウェーバーは「カリスマ」を一般概念として再構成して興味深い分析を行っています（『支配の社会学』）。つまり、人びとが何ものかに服従するときに3つの支配類型があるというのです。それは法律によるもの（合法的支配）、伝統によるもの（伝統的支配）、そしてカリスマ的支配です。合法的支配は適正に制定された規則の合法性に対する信仰に基づく支配で、伝統的支配は昔から行われてきた伝統の神聖性に対する信仰に基づく支配です。これらの支配が日常的世界に立脚しているのに対して、カリスマ的支配は非日常的であることを特徴としています。

　ウェーバーは典型的なカリスマ的支配として、預言者、軍事的英雄、偉大なデマゴーグ（デマを用いて大衆を扇動する者）を挙げています。私たちが「カリスマ」に感じている意味は、宗教的な意味の広がりを伴って有効な概念であるように思います。

コンバージョン（回心）

　「信仰を持つ」ということについて、宗教学でよく知られている「コンバージョン（回心）」という学術用語があります。回心とは、宗教的に生まれ変わることを意味しています。「突発的に起こった烈しい宗教体験によって、それまでの不安定な心身の状況が、転じて安定した状態になり、宗教的自我が発見されるような心理的・身体的変化をさして回心と呼ぶ」とされます（高木きよ子「回心」『宗教学事典』）。

　具体的な事例としてしばしば取り上げられるのが、パウロの回心です。ラビ（ユダヤ教の宗教的指導者）の熱心な学徒であったパウロは、イエスを神の律法を乱す異端者、不届き者と考えていました。そして、イエスの信者の群れを一掃すべく迫害のために立ち上がり、男であれ女であれ縛り上げて獄に投じ、彼らを死に至らしめたとされています。パウロがダマスコノの信徒を撲滅するために向かう途中、真昼頃のことですが、突然天から強い光がパウロを照らし、パウロは地面に倒れました。そし

パウロの回心は宗教画の題材として好まれ、多くの作品がある。

て「サウル（パウロのこと）よ、サウル、なぜ、わたしを迫害するのか」というイエスの声が聞こえました。パウロはこの経験を機に熱心なキリスト教徒に生まれ変わりました。

　回心にはさまざまなタイプが存在します。パウロの体験は、受動的で、かつ急激的なものでしたが、能動的、漸次的なタイプも見られます。また、当事者の気質に着目して、感情的、知的・意識的という分類をする研究者もいます。

　回心は宗教心理学の基礎的で中心的な研究テーマです。興味のある方は、ぜひ宗教心理学の本を手に取ってみてください。

第7章 死後の世界
人は死んだらどこに行くのか

きみたちにはまだ遠い未来のことかもしれないけど、自分が死んだらどうなると思う？

私は生まれ変わると思います。前世の記憶が残っているかどうかはともかく、生まれ変わると信じています。

僕は、死後の世界はあると思います。少なくとも死んだら霊になることは間違いないですよ。

昔は死んだら極楽へ行くとか、お盆にはあの世から御先祖様が帰ってくると考えたけど、そういう考えはリアリティある？

うーん、地獄とか極楽はちょっとイメージできないですね。でも、仮死状態になった人の体験談では、霊魂が花畑の上を飛んだり、三途の川に行くらしいですよ。

［動画］
「千の風になって」

少し前に「千の風になって」という歌がヒットしたけど、その歌詞は「私は死んでなんかいません、お墓の中にいません、千の風になって大空を吹いています」という意味で共感を呼んだよね。アカデミー賞を受賞した映画「おくりびと」にもお坊さんは出てこなくて、伝統的な死の儀礼とはかなり違っている。儀礼の背後にある世界観にも大きな変化が考えられるね。

人は死んだらどこへ行くのでしょうか。宗教は、イメージ豊かに多様な死後の世界を描いています。死後の世界は、一般的には「この世」に対する「あの世」、「現世」に対する「来世」、あるいは「他界」や「冥界」と表現されます。

予習
読んでおこう

引用した文章は五木寛之さんのベストセラー『大河の一滴』の一部です。五木さんの人生観が語られています。皆さんは五木さんの文章をどのように受け止めますか。

　私たちは「泣きながら」この世に生まれてきた。私たちは死ぬときは、ただひとりで逝く。恋人や、家族や、親友がいたとしても、一緒に死ぬわけではない。人はささえあって生きるものだが、最後は結局ひとりで死ぬのだ。
　どんなに愛と善意に包まれて看とられようとも、死とは自己の責任で向きあわなければならないのである。
　だから、親は子に期待してはいけない。子も親に期待すべきではない。人を愛しても、それはお返しを期待することではない。愛も、思いやりも、ボランティアも、一方的にこちらの勝手でやることではないか。そう覚悟したときに、なにかが生まれる。
　なにも期待していないときこそ、思いがけず他人から注がれる優しさや、小さな思いやりが〈旱天の慈雨〉として感じられるのだ。そこにおのずとわきあがってくる感情こそ、本当の感謝というものだろう。親切に慣れてしまえば感謝の気持ちも自然と消えていく。だから慣れないことが大切だ。いつもなにも期待しない最初の地点に立ちもどりつつ生きるしかない。
　だから夫は妻に期待すべきではない。妻も夫に期待すべきではない。愛情も家庭も、「老・病・死」するものである。自然に持続することを無意識に期待するのは、まちがっている。（略）
　人間とは常に物語をつくり、それを信じることで「生老病死」を超えることができるのではないか。
　自殺するしかない人は、そうすればよいのだ。死のうとしても死ねないときがあるように、生きようと努力してもそういかない場合もあるからである。だが、大河の一滴として自分を空想するようになったとき、私はなにもわざわざ自分で死ぬことはないと自然に感じられるようになってきたのだ。

（五木寛之『大河の一滴』幻冬舎文庫）

日本人のあの世

　日本人は霊魂と肉体を別のものと考えていたので、死んだのちに行く他界への入り口や世界に思いを馳せたようです。橋、三叉路、洞窟は他界への入り口と考えられていましたし、山岳の頂き、山中、海の彼方に他界があると信じられていました。『古事記』や『日本書紀』に記された**記紀神話**には、多様な他界が描かれています。
　記紀神話では、世界は三層に分かれて認識されています。天上世界として

日本の神様のひとり、
日本武尊
（高橋由一画）

の高天原、この世としての芦原中津国、そして黄泉国、根の国、常世といった他界です。

伊邪那岐命は死んだ伊邪那美命を呼びもどそうとして黄泉国へと向かいました。戻るためにしばしの猶予を願い出た伊邪那美命が、自分を見ないでくれと頼んだにもかかわらず、伊邪那岐命は伊邪那美命を見てしまいます。すると、伊邪那美命の肉体は腐乱しウジがたかっているではありませんか。驚いた伊邪那岐命はようやく黄泉国から逃げ帰り、黄泉比良坂を千引石でふさぎ地上に生還した、と書かれています。黄泉国は死者の赴く場所として描かれています。

記紀神話には「根堅州国」や「底根国」と呼ばれる地下の国が出てきます。迫害をうけた大己貴は父である神素戔嗚命の住む根の国に逃れます。そこでさまざまな試練にうちかった後、妻となる須勢理毘売命や大刀を奪って地上に戻り、大国主神となります。根の国は黄泉比良坂を伝って行く地下の国で、死者や祖霊のこもる場所として描かれています。

この他にも海のかなたにあるとされた「常世」や「妣の国」が見られます。常世は記紀神話では大己貴とともに国作りした少彦名命が渡ったところとされています。

記紀神話に見られる**山中他界**、**地下他界**、**海上他界**は仏教信仰と習合しながら人々の間に広がり展開していきました。さまざまな他界が存在して論理的に矛盾している、というよりは、死後の世界が多様なイメージで捉えられていたと考えた方がいいようです。世界の諸民族においても、こうした他界のイメージを広く確認することができます。

天　国

神話にみられる死後の世界とは異なり、仏教やキリスト教といった組織宗教は、最後の審判などの倫理的世界観を加えて、死後の世界を**天国**と**地獄**という２つの他界として描いています。死後における審判という考え方は、すでにゾロアスター教に見られます。人は死ぬと魂と肉体に分かれ、４日目の朝に選別者の橋に向かいます。ここでミトラ神によって善と悪を量られて、善が悪を上回った人だけが橋を渡って天国に入ることが許されます。

世界の諸宗教の天国と地獄を見ると、実は天国のイメージはどこか似ていて、豊かなイメージを喚起するようなものは少なそうです。むしろ地獄の方が多様に、これでもかとばかりに描写されています。代表的な宗教の天国と

ヨハネの黙示録
（『ベリー公のいとも豪華なる時祷書』より）

地獄、あるいは極楽と地獄をみることにしましょう。

聖書で天国を探そうとすると、意外に見あたらないことに気づきます。キリスト教での天国は「ヨハネによる福音書」（ヨハネの黙示録）の記述をよりどころにしています。最後の審判によって悪魔の支配が終わり、新しい千年王国の到来を告げる聖なる都、新しきエルサレムが天から下ってきます。新しきエルサレムはガラスのような純金で作られた都で、碧玉で築かれた城壁に囲まれています。さまざまな宝石がちりばめられた巨大な真珠でできた12の門があり、都の中央を水晶のように輝く生命の水の川が流れています。

●仏教の極楽浄土

宝石で飾られている様子や、清々しい水や川の描写は、仏教でも同じです。仏教では、死後、生物が輪廻する6つの世界、**六道**があります。六道とは、天道、人間道、修羅道、畜生道、餓鬼道、地獄道をいいます。六道は輪廻転生する世界なので、極楽浄土とは違います。六道には天道といって天人の住む世界がありますが、他の5つの世界と同じように衰退する世界です。極楽浄土は、こうした六道を離れた特別の場所です。

平等院鳳凰堂
極楽を模して造られたといわれる。

阿弥陀仏とその浄土を語る経典に浄土三部経があります。三部経とは『阿弥陀経』『無量寿経』『観無量寿経』の3つを指しますが、『阿弥陀経』には極楽浄土の様子が次のように描かれています。

> **「阿弥陀経」**
> 極楽は西の方10万億の仏の国を超えたところにあり、そこに阿弥陀仏がいらっしゃいます。苦しみはなくこの上ない喜びと楽しみで溢れています。極楽浄土には七重の石垣、七重の玉飾り、七重の並木があり、金、銀、瑠璃、水晶の四つの宝で飾られています。七宝の池があり、清らかでおいしい水がなみなみとたたえられています。池の底には黄金の砂が敷き詰められていて、車輪のように大きな蓮華の花が咲いています。妙なる音楽が流れ、さわやかなそよ風が吹き、人々は黄金の大地を静かに歩きます。空にはビャッコウ、クジャク、カリョウビンガなど色とりどりの鳥が飛んでいます。極楽浄土は、阿弥陀仏の願いによって現れた国です。

●イスラームの天国

イスラームの天国も見てみましょう。やはりイメージは似ています。イスラームでは天国は「楽園」と呼ばれています。この世で善行を積んだ人だけが行くことのできる場所です。楽園ではこんこんと泉が湧きだしています。緑陰で乙女たちにかしずかれ、たくさんのおいしい食物や酒や飲物をふんだ

宗教の格言 神は悪人を許すが、永遠に許すわけではない。（セルバンテス：スペインの小説家『ドン・キホーテ』）

熱海の MOA 美術館
世界救世教の教祖・岡田茂吉
のコレクションが中心になっ
ていて、教団の聖地内にある。

んに味わい、平穏で楽しい生活を送ることができます。よさそうな所ですね。ちなみに、極楽浄土に行くことができるのは男性だけです。

　このように、死後の世界の一部として天国や極楽が設けられているわけですが、地上に天国を実現しようとする教団もあります。世界救世教は、主神の経綸（けいりん）によって定められた貧病争絶滅の世界を**地上天国**と呼んでいます。地上天国の雛形（ひながた）となる国が日本で、その模型として造営されたのが教団の熱海と箱根にある聖地だと説明しています。

　天国は、死後であれ現世であれ、だいたいイメージは似通ったものです。争いのない、水や緑に溢れた、居心地のいい場所といったところでしょうか。これに対して地獄では、身も凍るようなグロテスクな光景が展開されています。

地　獄

　地獄は死後の世界のひとつで、シュメールではクルヌギア、イスラエルではシェオール、ギリシャではハデス、ドイツではヘル、フランスではインフェルノといいます。日本語では冥界や陰府ともいいます。天国が善行の報いとして理想的な世界に描かれているのとは対照的に、地獄は、懲罰的な意味から残酷でグロテスクな世界として詳細に描写されています。諸宗教の代表的な地獄を見てみましょう。

石を転がすシジフォス
（フランツ・フォン・シュトゥック画）

　古代ギリシャでは多様な地獄観が見られます。ギリシャの詩人ホメロスの叙事詩『イーリアス』では、地獄は亡者がさまよう世界として描かれています。他方カミュの哲学的エッセイ『シジフォスの神話』で有名なコリントの邪悪な王様シジフォスは、死後地獄へ堕ちます。シジフォスは大きな石を山頂まで転がしていきますが、あと一歩というところで石はごろごろと落ちてしまいます。シジフォスは再び石を山頂へと運んでいきますが、また石は落ちていきます。永久にこの繰り返しを行わなくてはなりません。

●キリスト教の地獄

西洋の三途の川のイメージ
（ヨアヒム・パティニール画）

　聖書では、天国と同じように地獄に関してもあまり言及が見られません。『旧約聖書』では人間が死んでのち行く国としてシェオールがあります。シェオールは善人も悪人も、人が死ねばひとまず行く場所で、われわれが考えているような地獄とは違っています。『新約聖書』にも、ゲヘナ、ハデスといった言葉で地獄が表現されていますが、犯罪者を裁く神の法廷、炎の中での無限の苦しみといったイメージです。その後カトリックは、キリスト教の地獄観を体系化し、地獄と天国の間に**煉獄**（れんごく）を設けました。そしてこうしたキリス

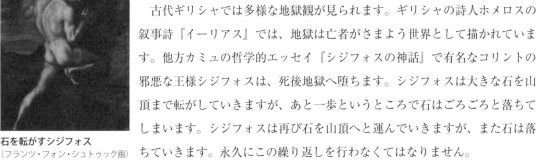

宗教の格言　今世紀の人々にとりて、悪魔を信ずるは悪魔を愛するよりはるかに難し。
（ボードレール：フランスの詩人『悪の華』）

84

図表1　ダンテの『神曲』による地球の構成図

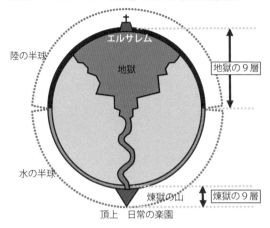

ト教の死後観を主題として書かれたのがダンテの『神曲』です。

　ダンテの『神曲』は地獄編・煉獄編・天国編の三部から構成されています。『神曲』の中でダンテは、恋した女性ベアトリーチェに導かれて天国へ向かいますが、『神曲』では天国の描写は平板です。他方で、地獄や煉獄の描写は生き生きとしています。ダンテは「この門をくぐる者は一切の望みを棄てよ」と書かれた門をくぐり、三途の川に行きます。アケロンテというこの川を渡るには、カロンの船に乗らなければなりません。渡ったところが地獄です。地獄は漏斗状になっていて9つの層からできています。

　第1の地獄は辺獄でキリスト出生以前の古代ギリシャ・ローマの有徳の人の魂が墜ちるところです。第2の地獄は肉欲にふけった者が、第3の地獄は大食漢の行く地獄です。第4地獄では吝嗇家と浪費家が争っています。第5地獄では巨大な沼の中で亡霊が泥まみれになりながら互いに殴り合っています。ここまでが地獄の上層部です。第6地獄は悪魔の名前がつくディーテという町です。第7地獄からは悲惨な地獄の状況が続きます。第7地獄は人や自分の肉体、自然に対して暴力を振るった者が行くところで、煮えたぎる血の中で煮られたり、絶え間なく降り注ぐ火の雨で焼かれます。第8地獄は欺瞞者の行く地獄で、10に分かれています。鞭うち、糞尿づけ、首をねじ曲げられ、コールタールの池でもがき苦しみ、毒蛇に襲われるなど、身の毛もよだつ責め苦が続きます。地獄の底にある第9地獄は、反逆者・裏切者の行くところです。氷結した沼があり、反逆者や裏切り者の亡霊が氷づけになっています。そしてその中心にサタンがやはり氷づけになっています。

ダンテ『神曲』の地獄図

　地獄の最も深い中心部から細い地下道を通っていくと地球の反対側に出ます。出たところは島で、高い山がそびえていますが、その山が煉獄です。煉獄も地獄と同じように9つの層からなっていて、上に行くに従って浄化され、頂上には地上の楽園があります。煉獄も苦しみの連続ですが、上に昇りだんだんと浄化されるにつれて楽になっていきます。ぜひ、ダンテの『神曲』を読んでみてください。

ダンテ『神曲』の地獄図
第9地獄で氷づけになっているサタン。

● 仏教の地獄

　もうひとつ『往生要集』に描かれた仏教の地獄を見てみましょう。ダンテ

宗教の定義　真の宗教の目的は、倫理の諸原則を魂の奥深くに押し込むことでなければならない。
（ライプニッツ：ドイツの哲学者『神義論』）

「往生要集絵巻」より
地獄の描写で知られているが、阿弥陀仏を信仰することによる極楽往生をすすめる書で、多くの人に読まれ後世に大きな影響を与えた。

の『神曲』よりもいっそう地獄の描写が克明です。『往生要集』は源信が「往生の業には念仏を本となす」ことを明らかにするために記した著作です。ですから主要な目的は地獄の描写ではなく、念仏の重要性を説くことにありました。

地獄の描写は巻頭の「厭離穢土」の部分です。地獄には、等活地獄、黒縄地獄、衆合地獄、叫喚地獄、大叫喚地獄、焦熱地獄、大焦熱地獄、阿鼻地獄の八大地獄があります。

等活地獄は人間世界の下にあり、殺生した者が墜ちる地獄です。ここに墜ちた者は互いに鉄の爪で血肉がなくなり骨だけになるまでつかみ裂きます。そこに獄卒がやってきて鉄棒でうち砕き人間は砂のようになってしまいます。ところがどこからともなく涼しい風が吹いてきて、体は元通りとなり、また同じことが繰り返されるのです。

黒縄地獄は等活地獄の下にあって、殺生をして盗みを働いた者が行くところですが、等活地獄の十倍の苦しみを受ける地獄です。罪人は熱い鉄の上でしばられた縄に沿って斧で切り裂かれ、のこぎりで切り刻まれます。

黒縄地獄の下にある衆合地獄はさらに悲惨です。向かい合う鉄の山に追い立てられた罪人は、挟まれて体が砕かれます。空からも鉄の山が落ちてきて砂のようにつぶされてしまいます。またある時は石の上で巌で潰されたり、鉄の臼に入れられて杵でつかれます。鉄の炎のくちばしをした鷲が罪人の腸を取って樹上でついばみます。獄人が罪人をつかんで刀のようにとがった葉の林の中に置きます。すると樹上に美しい女がいて、昇っていくと樹の葉が身を裂き体を傷つけます。ところがようやく登り切ると美女は地上にいて、降りていくとまた刀葉が体を裂きます。そしてこの繰り返しは永遠に続くのです。

「地獄草紙」
平安の末期から鎌倉初期に作られた絵草紙。当時の社会不安を背景にして、恐ろしい地獄の様子を描き出し、人々を浄土信仰へと導いた。

この先の叫喚地獄、大叫喚地獄、焦熱地獄、大焦熱地獄ではさらにひどい責め苦が待っています。ひとつひとつ記しているといくら書いても足りないので、八大地獄の最後の地獄、阿鼻地獄を紹介して終わりにしましょう。

阿鼻地獄は無間地獄ともいい、これまでの七大地獄の苦しみを合わせても、阿鼻地獄の千分の一に過ぎないと記されています。阿鼻地獄には巨大な狗がいて、その牙は剣、歯は刀の山、舌は鉄の棘のようです。毛穴からは猛火を噴き出しています。18人の獄卒や18匹の大蛇など恐ろしいものに満ちあふれています。この地獄に堕ちるのは父母を殺すなどの五逆罪を犯した罪人です。ところで著者の源信は、阿鼻地獄の恐ろしさは書き尽くすことはでき

動画
地獄

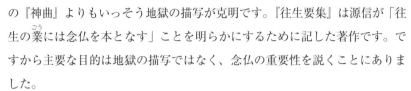

宗教クイズ　問題：次のうち、ユダヤ教で食べてはいけないものが1つだけあります。どれでしょう？
①ハクチョウ　②ロバ　③ハト　④バッタ　⑤ヤギ　（正解は次頁）

ない、と記しています。阿鼻地獄のことを聞いたならば血を吐いて死んでしまうだろう、ともいっています。なんと恐ろしいところでしょう。

輪廻と生まれ変わり

現代日本人は、宗教に対する関心を失っているように見えますが、世論調査の結果を見ると、若い人たちの間で死後の世界や生まれ変わりについては強い支持が表明されています。

ところで、若い人たちが期待する生まれ変わりは、仏教でいう「輪廻」とはまったく異なるものです。仏教でいう輪廻は、サンスクリット語ではサンサーラといって、流れることを意味しています。仏教では、解脱しない限りは、生と死を無限に繰り返し、三界六道を輪廻する、ということになります。これを**六道輪廻**ともいいます。その人の生前の行い（業）によって、次の生で虫になって生まれてくるのか、牛なのか馬なのか、あるいは人間なのかが決まるというもので、善因善果・悪因悪果の応報説が認められます。

日本にも仏教の伝来とともに輪廻の考え方が伝わりました。平安初期の『日本霊異記』をはじめ、死んで後再び生まれ変わる話が散見されます。しかし、日本人の生まれ変わりはこうした輪廻説とは異なるものです。

民俗学者の坪井洋文は日本人の生死過程の儀礼を研究して、次頁のような図を作成しました（図表2）。日本人の死と生は円環構造をなしているといいます。この図は上半分と下半分が対をなしています。図の上半分は、誕生から結婚式を経て葬式へといたる過程です。図では**成人化過程**と**成人期**になっています。そして同じことが下半分では、**祖霊化過程**と**祖霊期**とされています。つまり、日本人は誕生から結婚式を経て葬式へといたりますが、さらに祖霊化過程を経て祖霊期にいたり、再び生まれてくると考えられた、ということを表しています。

柳田国男は、死後数十年たった後、故人は個性を失って祖霊に同化するといいます。そしてこの祖霊こそが新しい生命の源となるわけです。昔は、生まれてきた子が誰それの生まれ変わりだね、という言い方をしたものでした。亡くなった人と同じ特徴が赤子の身体に見られたり、墨を塗った部分が赤子にあざとなって現れたという話を、私も聞いたことがあります。

こうした生まれ変わりには、輪廻と違って因果応報観は見られません。変わりながら、継続していく、日本人の霊魂観の基本的な構造がここにも見られます。

六道輪廻図
図には、愛執、無知、憎悪の象徴である鶏、豚、蛇を中心に、天、人、畜生、地獄、餓鬼、修羅の六道が描かれている。

柳田国男 やなぎたくにお
1875-1962
日本民俗学の創始者の一人。東京帝国大学法務大学政治科を卒業後、農務省に勤務。30歳頃から民俗に興味を持ち始め、退官後、学問としての民俗学を確立した。『遠野物語』『先祖の話』をはじめ、民俗学だけでなく幅広い領域に影響を与えている。

図表 2　坪井洋文の生死観図式

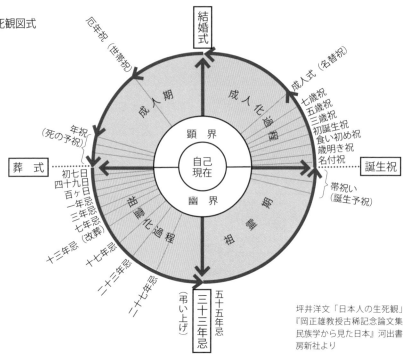

結婚式

厄年祝（世替祝）

成人期

成人化過程

成人式（名替祝）
七歳祝
五歳祝
三歳祝
初誕生祝
食い初め祝
歳明き祝
名付祝

年祝（死の予祝）

顕界

自己
現在

誕生祝

葬式

幽界

帯祝い（誕生予祝）

初七日
四十九日
百ヶ日
一年忌
三年忌
七年忌（改葬）
十三年忌
十七年忌
二十三年忌
二十七年忌

祖霊化過程

祖霊期

（弔い上げ）
三十三年忌

五十五年忌

坪井洋文「日本人の生死観」
『岡正雄教授古稀記念論文集
民族学から見た日本』河出書
房新社より

揺らぐ生と死

フィリップ・アリエス
Philippe Ariès
1875-1962

　ヨーロッパにおける中世から現代までの「死への態度」の変遷を研究したフランスの社会史学者アリエスは、現代の死は人類史上初めての現象であると述べています（アリエス『死と歴史』）。これまで人は自分の死に際して主役でしたが、そうではなくなってしまいました。そして、死はあたかも存在しないかのように隠され、生きている人間は他者の死に関与しなくなりました。

　アリエスによれば、かつて死は日常的なごく当たり前の出来事でした。人は「病いの床に伏して」死を待ちました。人は自分が近いうちに死ぬことを承知していました。死に向かう人は、死のための儀式を司る張本人でした。死は個人のものであると同時に、公の儀式でもありました。臨終の席には、親戚、友人、隣人たちが立ち会う必要がありました。子どもたちも呼ばれました。死はなじみ深く、身近で、過度の感情を呼び起こすことのない穏やかな、恐ろしくないものでした。アリエスは、かつてのこうした死を**飼いならされた死**と呼んでいます。

　ところが30〜40年ほど前から、こうした光景は急速に変化していきました。おなじみであった死が姿を消し、死は恥ずべきものでタブー視されるように

18世紀の臨終のイメージ
（グリム兄弟画）

宗教の格言　耕す人が固い地面を耕しているところ、道を作る人が石を碑にしているところ、そこに神はまします。
（タゴール：インドの詩人『ギンタンジャーリ』）

なったといいます。現代においては、人は健康で幸せであるか、もしくはそうであるように振る舞わなければなりません。われわれ現代人は、この世でいかに充実した人生を送ることができるかを考えながら日々生活を営んでいます。ですから、そうした幸福を壊したり、死に直面して混乱や動揺したりすることには耐えられない、というわけです。

また、死の変化は、私たちが病院で死ぬようになったことにも関係がありそうです。現在、私たちは最後の時を自宅ではなく病院で迎えます。病院は、人生の最後を過ごす場所ではなく、1秒でも延命するよう治療するところです。つまり、病院で亡くなるのは、医師や近代医学が治療に成功しなかったからということになります。病院は治療を受けて治ることが大前提にされているわけですから、病院内での死はあたかも存在しなかったかのように、速やかに処理されます。

死をめぐる儀礼は、戦後になってずいぶんと変わりました。従来の葬儀は、家から出棺され、葬儀のための葬列を組んで墓まで向かい、埋葬されました。棺桶や必要な道具一切は村人の手で作られましたし、死者を送るための直会（なおらい）の食事も、村の女の手によるごちそうでした。葬儀はしだいに簡略化されて、告別式中心となり、式自体が家から離れて、会館で行われるのが当たり前になりました。かつてのように家の周囲に花輪が並び、人々に見送られて家から出棺される光景は見られなくなりました。

葬儀自体の様式も、僧侶が読経（どきょう）する中で営まれる伝統的な葬儀の他に、散骨といって遺灰を海や山へ撒いたり、共同の墓所へ埋葬されることを前提にして生前から付き合いを始めたり、あるいはロケットに遺骨を入れたカプセルを乗せて宇宙空間に放出してもらうといった、新しい様式も見られます。

かつての「家」として行う葬式は、「家」の変容とともに変わっていきました。ましてや一人っ子同士が結婚して一人しか子どもを生まないことも多い現状では、葬儀やご先祖を祀るやり方も変わらざるをえません。これまでのやり方のままでは、A家の一人息子とB家の一人娘が結婚して男の子が生まれると、B家の墓守がいなくなります。さらにその子がC家とD家の間に生まれた一人娘と結婚すると、さらにC家とD家の墓守がいなくなってしまいます。

そもそも、都会の人間はどこへ墓参りに行くのでしょうか。一般的には菩提寺（ぼだいじ）にある墓、もしくは霊園ということになります。そもそも菩提寺とは「一家が代々その寺の宗旨に帰依（きえ）して、そこに墓所を定め、葬式・追善供養を営み死者の菩提を弔う寺のこと」（『岩波　仏教辞典』岩波書店）です。江戸時

昭和33年（1958年）の葬式
葬儀が会館で行われるようになる以前は、葬儀は自宅で行われた。親戚や近隣の人々が協力して葬儀の準備を整えた。人が亡くなると、近親者は入棺させる前に故人の体を逆さ水（水にお湯を注いだもの）で洗い清めた。

[動画]
野辺送り

代にでき上がった檀家制度は、徳川幕府がキリスト教弾圧のために庶民を必ず一定の寺院に所属させたものです。離檀は認められませんでしたから、寺の宗旨に帰依しているとはいえない状態でした。ですから、庶民の感覚からすれば、菩提寺の墓に参ることは、祖先崇拝に裏づけられた宗教的行為ではあっても、全面的に自覚的意識的な仏教信仰の現れとは必ずしも感じていなかったでしょう。

　そして、明治時代になって民法が改正されて「家」が変質する法的根拠が準備され、さらに戦後とくに高度経済成長期にすさまじい人口移動を体験すると、祖先崇拝自体も変容することになりました。こうしてしだいに日本人の「寺離れ」が進んでいきました。

　私たちを取り巻く死の状況は、急速に変化しています。死を自分のものに取り返そうとする運動も見られます。伝統的な死の迎え方、解釈が変わっていく中で、私たちは自分の死を模索しなければならないのかもしれません。

地獄についてずいぶん詳しく描写されているのには驚きました。あんなところへ行くのは本当に恐いですから、ふだんの行動を改めなくちゃと思いますよね。

もちろん倫理的・道徳的な意味が含まれているせいもあるんだけど、すごいイマジネーションだよね。さて、こうした世界観を私たちは今でも受け入れられるだろうか。ただ恐いだけではなくて、そうした世界観に従って日々の生活や人生を送っていく覚悟はできるかな？

僕にはとても無理です。地獄も天国も話を聞くのは面白いけど、それを自分の死後の世界として考えられるかと言われたら、無理だと思います。地獄へ落ちるよりは無神論でいるほうが気楽です。

よく、死と向き合ってこそよりよく生きられる、と言われますけど、ふだん忙しく学生生活を送っていると、そんなこと考える余裕はありません。それに、いつも死を考えるなんて現実問題として無理ですよ。

私たちは伝統的な死生観を失ったけれど、それに代わるものは個人にまかされている。私たちは自分で生き方死に方を考えなければならないようだね。

 宗教の格言 すべてのものの肉体のうちにあるこの個我は、つねに不可殺なり。されば汝、万物のために嘆くことなかれ。
（ヒンドゥ教の聖典『バガヴァッド・ギーター』）

レ ポ ー ト を 書 い て み よ う ！

❶　あなたは、自分の「死」に直面したときに、どのように考える、あるいは振る舞うと思いますか。

参考1　癌を患い、死を宣告された宗教学者の岸本英夫は、「死」とは別れの時である、と述べています。ハーバード大学留学後、東大教授となった岸本は、研究者として順風満帆の生活を送っていた1954年、癌の宣告を受け、以後10年間にわたって癌と闘いながら研究活動を続けました。

　このような考え方がひらけてきた後の私は、人間にとって何よりも大切なことは、この与えられた人生を、どうよく生きるかということにあると考えるようになった。いかに病に冒されて、その生命の終りが近づいても、人間にとっては、その生命の一日々々の重要性はかわるものではない。つらくても、苦しくても、与えられた生命を最後までよく生きてゆくよりほか、人間にとって生きるべき生き方はない。

　このようにして、死の暗闇の前に素手でたっていた私は、このギリギリの限界状況まできて、逆に、大きな転回をして、生命の絶対的な肯定論者になった。死を前にして大いに生きるということが、私の新しい出発になった。

　それ以来、私は、一個の人間として、もっぱらどうすれば「よく生きる」ことができるかということを考えている。しかし、そう生きていても、そこに、やはり生命飢餓状態は残る。人間は、一日々々をよく生きながら、しかも同時に、つねに死に処する心構えの用意をつづけなければならない。私は、生命をよく生きるという立場から、死は、生命に対する「別れのとき」と考えるようになった。立派に最後の別れができるように、平生から、心の準備を怠らないように努めるのである。

　生命飢餓状態に身をおきながら、生命の肯定をその出発点とする。私は、ここまで論じて、ようやく、その出発点まできた。しかし、私はもはやこの稿を終らなければならない。いかにしてよく生きてゆくか、いかにして、「別れのとき」である死に処するか、このような問題をすべてあとに残して、しばらく筆をおく。

（岸本英夫「わが生死観」『死を見つめる心』講談社）

参考2　精神科医のエリザベス・キューブラー・ロスは、人は「死」の受容にいたるまでに5つの段階を経る、と述べています。5つの段階とは、「否認」「怒り」「取引」「欝」「受容」です。引用は、最初の「否認」の説明の一部です。

　わたしたちがインタビューした臨死患者は二百名以上に達したが、そのほとんどが末期疾患の報せに対して、初めは、

　「違います、ぼくは違います、それは真実ではあり得ない」

　という言葉で反応した。この当初否認は、病気の初めに率直に打ち明けられたときでも、最初ははっきりとは告げられずやや後になって自分でそれを知った患者についても、まったく同一であった。

　ある患者は、彼女の否認を支持するための、長い高価な儀式（彼女の用語）について語った。彼女はX線装置が"狂っている"と信じ、彼女の病理学的リポートがそんなに早く来るはずがない、他の患者のリポートに間違って自分の名が冠せられたのであろう、と確信しようと努めた。それが得られないと知ると、彼女はすぐこの病院を出たいと言った。そして別の医師をさがし、

　「私の病気について、より確実な説明を得たい」

と望んだ。この患者は方々の医師を訪ね回った。ある医師は彼女の確信を支持する答えを、他の医師は初めの疑いを確証する答えを与えた。どちらの場合も、彼女は調査また再調査を求めた。それは最初の診断の正しさを半ば知りながらも、もしかしたら誤っているかもしれないという希望に、より多くの客観性を与えたかったからである。だが同時に、"いつでも"(彼女の用語)助けが得られるよう、医師との接触を維持しておきたいという意図からでもあった。(略)

わたしは、否認が、これらの患者のあるものが長期にわたってその中で生き続けなければならないこうした不快な、痛ましい事態に対する、かれらの健康な対処方法である点を強調したい。

否認は、予期しない衝撃的なニュースを聞かされるときの緩衝装置として働くのである。否認によって、患者は、崩れようとするみずからを取りまとめ、やがて別の、よりゆるやかな自己防衛法を動員することができる。だからといって、否認した患者が、後で、自分の迫りくる死についてだれかとゆっくりと落ち着いて語れるようにならないとは限らない。いやだれかと語ることを喜び、安堵(あんど)することすらあることを、なんら妨げるものではない。

(E. キューブラー・ロス『死ぬ瞬間』読売新聞社)

 人は死んだら生まれ変わると思いますか。

参考3 現代社会において、若者の間で「生まれ変わり」に対する強い関心のあることがわかっています。筆者の書いた現代における生まれ変わりに関する文章を参照して、自分の考えをまとめてください。

引用

平成16年6月1日午後、長崎県佐世保市の小学校で、6年生の女児が同級生の女児をカッターで刺殺する事件が起きた。加害者の女児は同級生を学習ルームに呼び出した後、カッターで首を切りつけ死傷させたのであった。

小学校の教室で白昼に起きた刺殺事件は、大きな社会的衝撃をもたらした。家庭裁判所の審決には、事件に到った加害者と被害者のやりとりが詳細に記述されていた。具体的なきっかけはウェブサイト上での書き込みに関するトラブルであったようだが、事件直前まで加害者の女児が、映画「バトルロワイヤル」やホラー映画などに強い関心を持っており、事件との関係をうかがわせるような記述がなされていた。

マンガやアニメを初めとしたメディアの中の宗教性が、若者に少なからぬ影響を与えているのではないか、という推測は、これまでに生じた事件やブームからもある程度は首肯できる。短絡に、ホラー映画の影響で殺傷事件が起きたとは考えないが、若者のリアリティをめぐって、宗教性が重要な意味を持っているのではないかと思えるのである。

事件の経緯を追っていく中で、気になることがあった。加害者の女児の「会って謝りたい」という謝罪の言葉である。加害者は補導された直後、被害者に「会って謝りたい」という発言をしていたというのである。

＊続きはQRコードから読めます。

(石井研士「現代における「よみがえり」考」『國學院雑誌』113巻8号)

第8章 シャマニズム

神がかりと憑きものの世界

私は1981年に日系人の宗教調査をしていたときに、女性霊能者の道場で生き霊が憑いていると言われて除霊を受けたことがあるんだ。憑いている実感も出ていった実感もなかったけど、面白い体験だったよ。

憑きものは追い出さないといけないけれど、神がかりっていうのはわざわざ霊を呼び寄せるんですね？

うん。私は神がかりも見たよ。箱根に本部がある教団のお祭りで、教祖様が次々と自分に霊を降ろして託宣を述べたんだ。霊の中には空海もいたようで、信者は熱心に聞いていたよ。

空海の霊を呼び寄せるんですか？　ほんとだったらすごいけど、僕なら信じないな。

新宗教の教祖には、神の声が聞こえるとか、神が自分の体の中に入ったという体験をした人が多いんだ。彼らは神秘的な体験をしていることによって、特別な力を与えられたカリスマ的存在でもあるんだよ。

極彩色の衣装に身を包んだオロチョン族のシャーマン
（中国、内モンゴル自治区）

シャマニズムの定義
超自然的存在と交流するシャーマンを中心とした宗教現象のことである。

予 習
読んでおこう

引用文は、人類学者のカルロス・カスタネダ『呪術師と私』の一部です。カスタネダが呪術師のドン・ファンに教えて請うています。みなさんはカスタネダの描く呪術的世界をどう思いますか。

　彼がわたしに何をしてほしいと思っているのかわたしにはわからなかった。彼はもう一度、わたしだけではわからないようなことなら何でもトカゲに聞いてみろと言った。彼は一連の例を示してくれた。つまり、普通では会えないような人々や失った物やまだ見たことのない所を見ることができるというのだ。それでわたしには、彼が占いのことを話しているのがわかった。わたしはひどく好奇心をそそられた。心臓がドキドキしはじめ、何か息苦しさを感じた。（略）

　わたしは知りたいと思う何かを考えようと気も狂わんばかりにやってみた。ドン・ファンはせっつくようにせき立てたが、わたしはトカゲに「尋ね」たいことなど何も思いつかないのにびっくりした。

　長いこと苦しんだ末、ある考えを思いついた。だいぶ前のことになるが、ある読書室から大量の本が盗まれたことがあった。それは個人的な事柄でもなく、しかもわたしはそのことに大変関心をもっていた。わたしは本を持って行った人、あるいは人たちが誰かということについては何の先入観ももっていなかった。そこで、わたしは泥棒が誰かを聞きながらトカゲをこめかみにこすりつけた。（略）

　わたしはあふれ出るように多量の理性的な思考と論議のうずを体験した。わたしは、判断できる限りでは、覚めた意識をもった普通の状態であった。あらゆる要素がわたしの普段と変わらない領域内にあった。と同時に、それが普通の状態でないことも知っていた。

　場面が突然変わった。夜だった。わたしはある建物のホールにいた。その建物の中が暗かったので、前の場面では太陽の光がじつに澄んだものであったことに気づいた。それがまったくあたりまえのことだったので、その時は気にもとめなかったのだ。新しい映像をずっと遠くまで見ると、ひとりの若者が大きなナップザックを肩にかついで部屋を出てくるのが見えた。わたしは彼を一、二度見たことはあったが、誰だか知らなかった。彼はわたしの横を通りすぎると階段を降りて行った。その時にはもうわたしは懸念や推理上のディレンマなど忘れてしまっていた。「あいつは誰だろう」とわたしは考えた。「なぜあいつに会ったんだろう」（略）

　ドン・ファンが肩をゆすり、目が覚めた。彼は立ちあがるのを手伝ってくれた。彼の家へ向かって歩いた。わたしがこめかみに練り粉を塗りこんでから起きるまで三時間半がたっていたが、幻覚状態はせいぜい十分ぐらいしか続かなかったようだ。ともかく何の副作用も感じられなかった。ただ空腹で眠った。

（カルロス・カスタネダ『呪術師と私──ドン・ファンの教え』二見書房）

シャマニズムの世界

　最初にシャマニズムを表している典型的な事例をいくつか取り上げて説明しましょう。

　シャマニズムとは「トランスのような異常心理状態において超自然的存在（神霊、精霊、死霊など）と直接に接触・交流し、この間に予言、託宣、卜占、治病、祭儀などを行う人物（シャーマン）を中心とする呪術・宗教的形態」のことです（佐々木宏幹「シャマニズム」『宗教学辞典』）。

●シャマニズムの諸相

　シャマニズムは人類の歴史上きわめて早い時期から、さまざまな社会で見

ギリシャ神話の神アポロン
ギリシャ神話のオリュンポス12神
のひとり。ゼウスとレトの子で、
予言や音楽の才能にたけた神。予
言ではデルフォイの神殿における
神託がもっとも重要とされる。

デルフォイの神殿跡

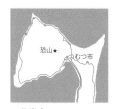

下北半島

恐山のイタコ
大祭で口寄せをするイタコの話を
聞く人々。

[動 画]
イタコ

られた宗教現象です。古代ギリシャでは、病気や結婚といった個人的なこと
から、植民地建設や和戦の決定などの公的なことまで、重要と思われること
は神託によって決定されていました。そうした神託の中でも、ギリシャ中部
の町デルフォイにあったアポロンの神託はとくに有名で、ピュティアと呼ば
れる巫女が神意を伝えていました。ピュティアは聖域内の大地の割れ目の上
に青銅の鼎を置き、その上に座って地底からわき上がる霊気を吸って忘我状
態となり、アポロンの言葉を述べたと言われます。さらに神官が神託を韻文
に直し、神託をうかがいにきた為政者たちに伝えました。

　日本でも、邪馬台国の女王卑弥呼は「鬼道に事えてよく衆を惑わし」たと
言われています（『魏志倭人伝』）。鬼道とは神や死者の霊に仕えることを意味
しています。神がかった卑弥呼の口から出る神の言葉・神の意志を弟が判断
して、政治を行っていたと考えられています。神がかった女性とその神意を
解釈する男性という組み合わせは、日本のシャマニズムの歴史においてしば
しば見ることができます。

●恐山のイタコ

　青森県の下北半島に**恐山**があります。むつ市から約15 kmほどの距離で、
車なら10分、電車だと下北交通田名部駅からバスで30分ほどで着きます。

　恐山は日本三大霊山のひとつとして知られ、死者の霊魂が集まる山である
と信じられています。宇曾利湖に注ぐ三途の川には欄干が赤く塗られた太鼓
橋がかかっています。白いごつごつした岩肌が続く地獄谷があり、湖畔には
硫黄の噴き出す血の池地獄や無間地獄、賽の河原があります。賽の河原は幼
くして死んだ子どもが地獄の鬼に責め苦を受けている場所とされ、人々は小
石を積み上げて子どもの冥福を祈ります。

　恐山は862年に慈覚大師が開山したといわれ、現在は曹洞宗円通寺の山寺
と呼ばれる地蔵堂が設けられています。毎年7月20日～24日に行われる恐山
大祭には、多くのイタコが集まります。

　イタコとは、津軽の南部に多い死者の口寄せをする巫女のことです。口寄
せはホトケオロシとも呼ばれ、生者が問いかけると、亡くなった死者がイタ
コの口を借りて答えます。故人との会話に涙する、残された家族の姿も見ら
れます。

　イタコになる女性は生まれながらにして盲目もしくは半盲の女子で、初潮
を迎える前に師匠のイタコに住み込みで弟子入りします。家事を手伝いなが
ら祈祷や占いの修行を積んでいきます。数年の修行が終わった後、神を憑け

恐山：宇曽利山湖畔の賽の河原

恐山：賽の河原
死んだ子どもが地獄の鬼によって
責め苦を受けている場所とされ、
小石を積み上げて亡き子の冥福を
祈る。

動画
恐山

る入巫式を受け、実際に神が憑くかどうかが試されます。神が憑くと一人前と認められ、独立が許されます。

●媽祖と童乩（タンキー）

　台湾には童乩（タンキー）と呼ばれる道教のシャーマンがいます。童乩は日頃は村にいて、農耕や他の仕事に従事しています。しかし依頼者がやってくると媽祖（民間信仰の女神）を祀った廟で神がかり状態になります。童乩は、リズム感のある呪文が唱えられるなか、祭壇に線香を供えます。お堂の中をうろつき、大きなゲップを繰り返します。身体が小刻みに震え始めると、童乩は意識を失い、民衆を助けてくれる斉公となります。顔は震え、身体は大きく波立ち、好物のコニャックをびんごとがぶ飲みします。帽子を被り衣装を着た童乩は、次々と民衆の質問に答えていきますが、声はすっかり変わっています。

　下にあげたやりとりでは、依頼者は斉公からダイコンなどを使った漢方薬の処方箋を聞き出しました。その後童乩は祭壇の前に立ち、身体を揺らしながら後ろへ倒れてしまいました。介添役が呪文を唱えると、童乩は頭を振り振り元の状態に戻りました。

　台湾では毎年旧暦の３月23日が媽祖神の誕生日とされ、台湾全土の媽祖廟で盛大な祭りが開催されます。この時には分霊された地方の媽祖たちが、巡礼団である進香団とともに里帰りをします。北港朝天宮や大甲鎮瀾宮といった著名な媽祖廟には多くの進香団が集まり、たいへん賑やかなお祭りになります。

　進香団の先頭に八家将と呼ばれる独特の化粧をした若者の一団がいます。彼らは童乩の予備軍ともいえる存在です。童乩が使用する五法神器という道具で舌、頭、背中、額を切りつけます。恍惚状態で身体は小刻みに震え、傷から吹き出る血で身体は赤く染まっています。彼らはまだ神の声を伝えるだけの力はないとされます。

媽祖祭で顔に彩色を施した八家将たち（河野利彦撮影）

依頼者 ● 宝くじの当たり番号教えてよ。
斉　公 ● そんなの知らない。
依頼者 ● 主人の健康なんだけど。
斉　公 ● おれに聞いてもわからないよ。
依頼者 ● そんなこと言わないで助けてよ。
斉　公 ●（紙に魔除けのお札を書く）これ以上なにも
　　　　　できないよ。本人連れてくれば一緒に帰るから。
依頼者 ● そんな冗談言わないでよ。

宗教の
定義
迷信は神々に対する無感覚の恐怖からなり、宗教は神々に対する敬虔なる崇拝からなる。
（キケロ：古代ローマの哲学者『哲学講義』）

霊が憑依し、トランス状態に
入った童乩
五法神器で傷つけた顔が血で赤く
染まっている。
（河野利彦撮影）

（動画）
童乩

＊血の流れる映像が含まれます
ので苦手な方はご注意ください。

八家将の後に童乩が登場します。ふだん童乩は顔に化粧をせず派手な衣装も着ていません。しかしながらいったん神が入ると上半身裸になり、特別な腹巻きをつけます。腹巻きの中央には八卦、左右に太陽をあしらった虎と、月をあしらった龍が刺繍してあります。童乩もまた、神が入ると五法神器で身体を切りつけます。神が入った童乩は、祭りの間に進香団を構成する信徒に対して神の声を伝えます。

●ハイチ、ブードゥー教のシャマニズム

　中南米には、アフリカにルーツをもつ宗教が数多くあります。よく知られているのはハイチのブードゥー、ブラジルのマクンバ、キューバのサンテリーアなどです。ブラジルでは土地によっても名称が異なり、リオ・デ・ジャネイロやサン・パウロではマクンバ、バイアではカンドンブレ、レシフェではシャンゴーと呼ばれます。いずれも西アフリカの原始宗教とカトリックとの間に生まれた混交宗教です。スペインやポルトガルによって西アフリカから強制的に奴隷として連れてこられた黒人（アフロ・アメリカン）は、表面上はカトリックに改宗しましたが、故郷である西アフリカの信仰を捨てていませんでした。個性豊かな精霊が活躍するこれらの宗教では、強烈な神がかりをみることができます。

　ここではハイチの**ブードゥー教**を取り上げて、シャマニズムの様子を見ることにしましょう。ブードゥーでは最高神ボン・デュー、先祖をはじめとする死者の霊、精霊ロアを祀ります。儀礼が行われるのはたいてい深夜です。マンボといわれる男性祭司とマンボンといわれる女性祭司が儀式を司り、祭壇にご馳走を供えて祈ります。信者たちは独特のリズムで打ち鳴らされる太鼓や歌に合わせて踊り、ロアを呼び出します。複数の太鼓の音が速いテンポで鳴り響くなか、ロアが踊っている女性のうちの一人に憑依します。女性は突然、目をむいたまま硬直したり、ショックで倒れ込んだりします。やがて目をむいたまま手を広げたり振ったりしながら憑依者独特の動きを始めます。憑依した人物は恍惚状態となり意識はありません。次々に憑依する者が現れて異様な興奮状態に陥り、集団の興奮は最高潮にたっします。そうした中でロアは信仰者にアドバイスを与えたり、病気を治療します。

　サンテリーアとは、ナイジェリアを中心に居住するヨルバ系の人々の宗教が、キューバにおいてカトリックと融合して発展した信仰です。オロフィーという至高神を中心にさまざまな神々が崇拝されています。

ブードゥー教の音楽に合わせ
て踊る人々
シャマニズムでは音楽は重要な役
割を果たす。

（動画）
キューバのサンテ
リーア

宗教の
格言　人間性への信頼を失ってはならない。人間性とは大海のようなものである。ほんの少し汚れても、海全体が汚れることはない。
（ガンジー『ガンジー自伝』）

シャマニズムの分類

●脱魂と憑依

　宗教学者の**エリアーデ**は、シャマニズムを神や霊との関係の仕方から2つのタイプに分けて考えています。ひとつは、シャーマン自身の霊魂が肉体から抜け出して、霊界や天上界へと旅をし、そこで神や霊に会うというタイプです。これを脱魂型（ecstacy type）と呼んでいます。もうひとつは、シャーマン自身の霊魂はどこかへ行ってしまって、カラになった体の中に神などが降りてきて神意を伝えるタイプで、憑依型（possession type）と呼んでいます。アポロンの神託も卑弥呼の事例もどちらも憑依型になります。

●脱魂型

　脱魂型の例としてインドの東北地方アッサムに住むアオ・ナガ族の例を挙げてみましょう。彼らの霊魂観によれば、すべての人間は天に住んでいる運命と、自分自身の中の霊魂を持っています。さらに、天の運命も自分自身の中の霊魂もそれぞれ3つの霊魂を持っています。天は第一天、第二天、第三天に分かれていて、人間の運命は第二天に住んでいますが、たまに自分の3つの霊魂のうちのひとつを他の運命に売り渡すというゆゆしき事件が発生します。すると地上の人間は病気になってしまいます。病気を治すには、天に

　神界の旅行と思つたのは自分の間違ひであつたことを覚り、今度は心を改め、好奇心を戒め一直線に神界の旅路についた。

　細い道路をただ一人、足をはやめて側眼もふらず、神言を唱へながら進み行く。そこへ「幸」といふ二十才くらゐの男と「琴」といふ二十二才ばかりの女とが突然現はれて、自分の後になり前になつて蹤いてくる。そのとき自分は非常に力を得たやうに思ふた。

　その女の方は今幽体となり、男の方はある由緒ある神社に、神官として仕へてをる。その両人には小松林、正守といふ二柱の守護神が付随してゐた。そして小松林はある時期において、ある肉体とともに神界に働くことになられた。

　細い道路はだんだん広くなつて、そしてまた行くに従つてすぼんで細い道路になつてきた。たとへば扇をひろげて天と天とを合せたやうなものである。扇の骨のやうな道路は、幾条となく展開してゐる。そのとき自分はどの道路を選んでよいか途方に暮れざるを得なかつた。その道路は扇の骨と骨との隙間のやうに、両側には非常に深い溝渠が掘られてあつた。

　水は美しく、天は青く、非常に愉快であるが、さりとて少しも油断はできぬ。油断をすれば落ちこむ恐れがある。自分は高天原に行く道路は、平々坦々たるものと思ふてゐたのに、かかる迷路と危険の多いのには驚かざるを得ない。その中でまづ正中と思ふ小径を選んで進むことにした。

　　　　　　　　　　　　（『霊界物語』「第2篇 幽界より神界へ」（愛善世界社）より）

　　宗教や結婚の問題について、私は人に絶対に忠告しない。なぜなら、この世やあの世で、誰かの苦悩を私の責任にされたくないからである。　　　　　（チェスターフィールド：イギリスの政治家『書簡集』）

出口王仁三郎
でぐちおにさぶろう
1871-1948
大本の教祖で聖師とよばれる。27歳の頃に山ごもりをして神人感合の境地に達し、他界を遍歴したといわれる。その後、霊学と鎮魂帰神法を学び、出口すみとともに大本を設立。政府により弾圧を受けて1921年と1935年に検挙された。

アルタイ（ロシア）のシャーマン

ブリティッシュ・コロンビア（カナダ）先住民族のシャーマン

日本の犬神
（佐脇嵩之『百怪図巻』）
人に憑くものの一種で、鼠に似た小動物だとされる。地域的に特性があり、中国地方、四国地方、九州地方の一部に分布している。犬神の憑いた家を犬神持ちといい、代々伝わるとされた。

住む運命に供物を捧げて霊魂を取り戻さなくてはなりません。そこでシャーマンの登場となります。彼らは自分の体から離れて天界へ向かい、運命と交渉するのです。

もうひとつ日本の事例をあげてみましょう。大本の出口王仁三郎はケンカが契機となって籠もった大阪・高安山で修行をしたときに、神人感合の体験をして他界を遍歴したといわれます。後年その時の体験をもとにして『霊界物語』（81巻、83冊）を残します。内容は、宇宙や大地の創造、正神群と邪神群の闘争、世界の終末状況、神素盞嗚大神の活動といった歴史を中心にして、多様な内容が盛り込まれています。『霊界物語』に収められている「神界旅行」の一部を載せておきます。

●憑依型

私たち日本人に馴染み深いのは憑依型のほうでしょう。憑依型は広くアジア全般に見られるシャマニズムのタイプです。先に、イタコや童乩を見ましたが、すべて憑依型のシャーマンでした。シャーマンは超自然的存在と直接交渉する際にトランス（trance）という特別な意識状態（変性意識）になります。そのトランス状態から、憑依型は3つに分けて考えることができます。

第1は、超自然的存在が身体に入り、神そのものとして直接語りかけたり振る舞うタイプです。この場合、シャーマン本人には意識はなく、神が憑いている間に語ったり言ったりしたことを覚えていません。台湾の童乩やブラジルのカンドンブレのシャーマンはこれに当たります。

第2は、超自然的存在が身体に付着するタイプで、シャーマンは完全に意識を喪失することなく、付着した超自然的存在と会話を交わし、その内容を超自然的存在の言葉として間接話法で伝えます。

第3は、超自然的存在が外側から影響を与えるタイプです。たとえば、預言者は神の声を聞いたり見たりして、その内容を伝えます。預言者の場合には、第2のタイプのように、超自然的な霊などが付着しているとも考えられるので、第2と第3のタイプの相違は明確ではありません。

最近では、憑依する霊によって分類しようという考え方もあります。先行研究がもっぱら善霊憑依を主流としているのに対して、悪霊憑依の現象があることを指摘します。つまり、望んでいないにもかかわらず、邪悪な霊が人に取り憑くことによって、取り憑かれた人は病気になったり通常の日常生活や人間関係を保つことができなくなります。こうした場合には、憑依した霊を強制的に退去させる必要があります。

善霊と悪霊を区別できるのか、といった困難な問題もありますが、テレビで放送される心霊特集などを見るかぎり、現代社会においてもシャーマニズムはなんらかの意味を持っているのではないでしょうか。

●シャーマンになるためには

誰もが神の声を聞けたり、超自然的存在と交流できるわけではありません。では、シャーマンは特殊な性質や能力を持った選ばれた人なのでしょうか、それとも訓練をすれば誰にでもなることができるのでしょうか。

これまでの研究から、シャーマン化には3つのプロセスのあることがわかっています。第1は**召命型**と言われるタイプで、超自然的な存在がある人物に接近して直接的な交流が起きます。

新宗教の教祖には、こうした体験を契機にして宗教活動を始めた人物が数多くいます。天理教の教祖中山みきは、数え年13で嫁ぎ一男五女をもうけました。しかしながら幼い二女と四女を相次いで亡くし、長男もまた足の痛みを訴えました。さらには夫とみきも身体の不調に悩まされるようになり、寄加持（よせかじ）を行ったところ、加持台の代わりをつとめたみきが神がかり、「我は元の神・実の神である。この屋敷にいんねんあり。このたび、世界一れつをたすけるために天降った。みきを神のやしろに貰い受けたい」と宣べたのでした。その後三日三晩にわたって神がかり状態が続き、みきの身体を神のやしろとすることを承知しなければ家を断絶させると迫ったのです。

第2のタイプは**修行型**です。家族や自分の病気・不運を契機にして修行を行うようになり、その結果、超自然的存在との交流が行われるようになります。

第3のタイプは**職業型**です。恐山のイタコで説明したように、職業としてシャーマンになることを目指します。

民俗学者の桜井徳太郎は、日本の民間巫女の多くはきわめて職業性の濃い存在で職業巫と称することができるとしたうえで、イタコの成巫過程を以下のように説明しています。

中山みき
1798-1887
庄屋の長女として生まれた。結婚後、家に起きた不幸のために依頼した加持の際に神がかりを体験した。みきの体を借りた神は、三千世界を助けるために天降った、みきの身体を神のやしろとしてもらい受けると告げた。

図表1　イタコ成巫過程のパターン

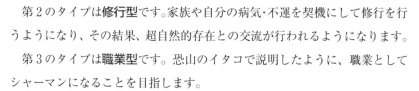

区分 内容	(1) 条件		(2) 動機	(3) 入巫プロセス				(4) 成巫プロセス		
プロセス	先天的 後天的	盲目 { 全盲 半盲 }	活計維持 家庭環境 { 両親・家庭の決意、近隣・知友・親戚の勧奨 }	初潮前 弟子入り	修行 { カヨイ スミコミ }	オユルシ	前行 神憑け 巫儀 祝宴	お礼奉公	独立	一本立ち ミアガリ 商売

桜井徳太郎編『シャーマニズムの世界』春秋社より

宗教の格言　宗教を愛し、それを守っていくには、それを守らぬものを憎んだり、迫害したりする必要はない。
（モンテスキュー：フランスの法哲学者『法の精神』）

東北地方のイタコは生まれつき、もしくは後天的に盲女で、家庭の事情により12〜13歳の初潮期直前に師巫のもとに弟子入りをします。師巫のもとへ通いか住み込みをして巫業を修得します。その後、神憑けとか遷し初めといわれる、巫業をなしうる資格がえられたかどうかのテストが行われ、パスすれば巫者として認められます。こうして神が下ろせるようになった後1〜2年は師巫の家でお礼奉公し、晴れて独立となります。

踊る修道者メウレウィー教団

動画
メウレウィーの舞
踏セマー

●シャーマンの役割

シャーマンの主な役割は、これまでいくつか事例を見てきたように、治病、占い、預言をすることです。ですから、シャーマンは占い師、呪医（medicine man）でもあります。アオ・ナガ族のシャーマンのように、病人の魂を探し出すことによって治そうとしたり、台湾の童乩のように漢方薬を処方したりします。治病には肉体的なものだけでなく精神的な領域も含まれます。

ちょっと前によくマスコミに登場していたスピリチュアル・カウンセラーという人たちは、シャーマンといえると思う？

うーん。霊が見えていると言っているけれど、本人に霊が憑いているわけではなさそうですね。霊の言うことを仲介して家族に伝えるんだから、憑依型の第3のタイプに当てはまるんじゃないでしょうか？

この機会に、文化として存在しているシャマニズムと、テレビに登場する憑依現象の違いはどこなのかを考えてみてほしい。テレビは視聴率を意識するから、心霊特集のバラエティ番組もアニメの登場人物みたいに演出されたものが多いのではないかな。こうした番組にみんなが影響されると、文化としてのシャマニズムがゆがんだ形で伝わることになるのではないかと心配なんだ。

宗教の格言　信仰は信仰に由りて維持するに能わず、信仰は労働に由りてのみ能く維持するを得べし、信仰は根にして労働は枝なり。
（内村鑑三：明治のキリスト教思想者『所感十年』）

レポートを書いてみよう！

① 本書に取り上げられていないシャマニズムの事例をひとつ見つけて、その成立の経緯、儀礼、世界観について考えてみましょう。

参考1 宗教学者のミルチャ・エリアーデのシャマニズムに関する文章を読んで、考えるヒントとしましょう。

シャーマニズムは中央および北方アジアの宗教生活を支配しているとはいえ、この広大な地域の唯一の宗教というわけではない。ただ何人かの研究者たちが、北極圏やトルコ・タタールの民群の宗教を便宜上、もしくは混同してシャーマニズムと認めているにすぎない。中央および北方アジアの諸宗教はいずれの方向でもシャーマニズムを越えて拡大発展しており、それはちょうど、あらゆる宗教がその特別の資格をもつ信者の神秘体験を越えて拡大発展しているのと同じである。シャーマンたちは「選ばれた人」であり、かくしてシャーマンはその共同社会の他のメンバーには近づき難い聖の領域に近づき得るのである。彼らのエクスタシー体験は、宗教的なイデオロギーの成層（ストラティフィケーション）、神話や儀礼構造の上に強い影響を与えてきたし、また今も与えている。しかし、北極圏やシベリア、またアジアの諸民群のイデオロギーや神話、儀礼も、これら民群のシャーマンたちの創作になるものではない。これらの要素はすべて、シャーマニズム以前のものか、もしくは少なくとも平行しているものであって、その意味ではこれらは一般的な宗教経験の所産であって、特別の資格ある人物とかエクスタシーを行使する人物といった特殊階層の産物ではないのである。反対に、やがて触れるように、シャーマン的（すなわちエクスタシー的）体験を、必ずしも適切とは思えぬイデオロギーを通して説明しようと試みている場合もしばしば見られるのである。

（ミルチア・エリアーデ『シャーマニズム　上』ちくま学芸文庫）

参考2 次の事例は宗教人類学者の佐々木宏幹が採集してきた昭和41年の事例です。菊池ガミ（本名・菊池花子）は釜石市の在住でした（Y・Nは依頼者）。

Y・N「ホトケをおろして欲しいのですが。」
カミ「誰ですか。」
Y・N「母親です。」
カミ「いつ亡くなりましたか。」
このようなやりとりがすむと、菊池ガミはカミオロシのときと同様に、五分から七分間ほどお祈りをする。祈りが終わると、「ハァー、コワイ（＝疲れた）、コワイ」と言った。（略）
カミ「よくまあ訪ねてきてくれた。なんだあんた（＝Y・N）、父さんが弱いのか。大事にしろ。どこの病院さかかっているのや。」
Y・N「あんた（＝母親）は、丈夫なとき（＝生前）は父さん（＝主人）の世話になっていたのに、父さんが弱くなっても何もしてくれないとは、どういうことなの（と批難する）。」
カミ「何を言うか。私だって朝夕見守っているのだ。あんたたち不信心だからそうなので、一生懸命にカミ・ホトケを拝みなさい。拝まないから、いくら私が見守っていてもダメなのだ。私の前と後に人間の形をしたものが絶えずついて歩いているが、何か覚えはないか。」
Y・N「ない。」

カミ「あるだろう。その子（＝Y・Nの孫）の親はまだ年が若いので、ホトケを粗末にしたから、その障りで主人が弱くなったのだ。」
Y・N「どうすればよいの。」
カミ「供養しなさい。」
Y・N「どのようにしたらいいの。」
カミ「塔婆を書いて貰いなさい。」

（佐々木宏幹『シャーマニズムの人類学』弘文堂）

 現代社会の中で、シャマニズムはどのような意味を持っているか考えてみましょう。

参考3 近年、イタコの減少が指摘されています。引用した新聞記事を読んで、なぜこうしたことが起こるのか、自分の考えをまとめてください。

　目の不自由な巫女は、青森県の「イタコ」が有名だが、それ以外の東北各地にも存在していた。
　秋田「イタコ」、岩手と宮城が「オガミサマ」、山形「オナカマ」、福島「ミコサマ」。近親者を亡くした人たちからの要請で「死者の霊を体に乗り移らせ、言葉を伝える」という儀式が「口寄せ」だ。依頼者のタイプに合わせて定型の口上を使い分けているとの見方もあるが、健康や縁談、商売などのよろず相談にも応じている。いずれも国の無形民俗文化財に選ばれている。
　かつて東北には500人以上いたが戦後、廃業が相次ぎ、秋田、山形、福島県では途絶えたとされる。いまは青森、岩手、宮城県に十数人残っているだけだ。
　遠洋漁業の基地である宮城県気仙沼市の唐桑町で「オガミサマ」をしている小野寺さつきさん（85）は14歳の時、病気で視力を失った。20歳から岩手県の巫女の家に住み込みで修業をした後、独立した。この半世紀、海難事故と隣り合わせの漁師町で、「口寄せ」や行方不明者捜しの相談に乗ってきた。多い時には1日に十数人の訪問者があったが、最近は体調を崩し寝たきりになった。
　戦後の一時期まで20〜30代の若い女性も珍しくなかった巫女は今、高齢化が進み平均年齢が70歳を超えている。
　日本三大霊山の一つ、青森県下北半島の恐山では年数回の祭事の際、北東北各地から「イタコ」が集まってくる。かつては40人近くが参加していたが、近年は4人だけだ。大半の女性が高齢化で足腰が弱くなり、外出が難しくなってきた。

（「消えゆくイタコ」『朝日新聞』2010年12月24日）

参考4 101頁の会話でも指摘されているように、マスメディアに登場する霊能者や占い師もシャーマンと考えることができます。メディアに登場するそうした人物の危険性はないのでしょうか。参考文献を参照して、自分の考えをまとめてください。

引用

　私が考えているのは、根拠のない非科学的番組が流され続けていることが問題である、ということではない。そうではなくて、この国の不幸な宗教文化についてである。バラエティー番組として位置づけられた、かなり扇情的な非科学的番組が横行している。他方で、教養・教育としての宗教番組は片隅に追いやられている。
　この国の宗教文化が、教育のなかで正当に評価される機会を失いながら、家庭で受け継がれることもなく、バラエティー番組として存続していくことに大きな危惧を感じざるをえない。宗教は精神文化の中枢をなす濃い文化である。文化の希薄化は、至る所に現れているのではないか。

＊続きはQRコードから読めます。

（石井研士「宗教のバラエティー番組化」『東京新聞』2007年1月23日夕刊）

第9章 聖地と巡礼
聖なる旅の目的

ムスリム地区
ヴィア・ドロローサ
キリスト教徒地区
聖墳墓記念聖堂
岩のドーム
嘆きの壁　アル・アクサー・モスク
ユダヤ教徒地区
アルメニア人地区
シオン山

これはエルサレムの旧市街の地図だよ。エルサレムはユダヤ教徒地区、キリスト教徒地区、ムスリム地区、アルメニア人地区に分かれていて、それぞれ宗教的に重要な施設が隣接していることがわかるかな。

［動画］
エルサレム旧市街

ユダヤ教徒がお祈りする「嘆きの壁」の映像は見たことがあります。大勢の人が壁に向かって熱心に祈ってました。「嘆きの壁」はユダヤの聖地なのに、壁のすぐ向こうにはイスラームのモスクが見えているんですよね。

岩のドームと、アル・アクサー・モスクの2つだね。

そのうえエルサレムは、イエス・キリストが処刑にあった場所ですよね。ユダヤとイスラームとキリストの聖地が1か所に集まってるなんて、すごく不思議な感じ！

エルサレムはかなり特殊な例だけれど、世界にはほかにもたくさんの聖地があって、多くの人が参拝や巡礼に訪れているんだ。
日本にも四国八十八箇所や西国巡礼、伊勢神宮に比叡山、たくさんの聖地があるんだよ。最近はパワースポットなんてよばれて、若い人たちにも人気が出ているみたいだね。

　以下は、女性で初めてカイロ大学に留学したイスラーム学者・片倉もと子さんの文章です。片倉さんはムスリムと同じようにラマダーン月の断食もやったそうです。彼女には、身近で見たメッカ巡礼はどのように映ったのでしょうか。

　何が、かれらを、かくもメッカへメッカへとひきつけるのだろうか。さまざまな理由があげられるが、その第一は、イスラームの根本思想である平等主義――神の前に、だれもかれもみな同じである――という精神が、巡礼のときには壮大なるドラマとして展開されるということであろう。

　巡礼の行をおこなう者たちは、膚の色、国籍、言語、老若男女、さまざまであるが、みな一様に、イフラームとよばれる縫い目のない二枚の白い布で身体をおおうことになっている。身にまとうものは、それだけ。下着もつけないのがふつうだ。せいぜい腕時計や金銭、パスポート用の小物入れをもっている程度である。メッカから数十キロの地点まできたときに、このイフラームに着がえる。（略）

　着がえにいって、もどってきた人は、白衣裳に身をつつみ、なにやらおごそかな顔つきになっている。イフラーム姿になってから、イフラームをぬぐまで、髪や爪をきること、香水をつけること、結婚、性交、狩猟などが禁じられる。「聖なる状態」に入るとされるからおのずから、おごそかな雰囲気になるのだろうか。

　こうして、生まれも育ちも、いっさいのしがらみを全部ぬぎさって、神の前に、ただ一人の人間として、たたずむことになる。飛行機で巡礼にやってこられるようなお金のある人も、ロバの背にまたがって、とぼとぼやってくるしかない人も、みな同じ姿になってしまうのである。

　イフラーム姿で「アッラーよ、おん前にまいりました」という巡礼の文句をとなえながら、だれもかれも、まったく同じ行をおこなう。カアバのまわりをめぐる人びと、二つの丘をいったりきたりする人びと、アラファートに集う人びと、誰が王様か、誰が乞食か、誰が金持ちか、誰が貧しい人なのかまったくわからなくなる。自家用飛行機でひとっとびに来た人も、一生かかってやっと巡礼の費用をためてやってきた人も、神の前にはみな同じだということが巡礼者一人ひとりに実感され、ある種の興奮と陶酔感にひたれるという。

（片倉もとこ『イスラームの日常世界』岩波新書）

聖地エルサレム

サンティアゴ・デ・コンポステーラの大聖堂
スペインの北西部にあるキリストの12使徒のひとり、ヤコブの墓の上に建つ大聖堂。

資料
日本カミーノ・
デ・サンティアゴ
友の会 HP
サンティアゴ巡礼ガイド

　現在、**聖地**という言葉はいろいろな場面で使われています。サッカー・ファンにとって、聖地は国立競技場ですし、アニメ好きの聖地は秋葉原になります。こうした言葉の使われ方の背後には、その場所に対する特別な思いや出来事が深く関わっています。

　世界には、古くから多くの聖地が存在しました。ギリシャでは神々の住まうデルフォイやオリンピア、エジプトではテーベやカルナック、ユダヤ教ではエルサレムを含む四聖都（他はヘブロン、ティベリア、ツファット）、そしてキリスト教ではエルサレム、ローマ、サンティアゴ・デ・コンポステーラなど、それぞれの宗教に著名な聖地があります。

聖地の定義
信仰または伝承によって神聖視される一定の地域である。

嘆きの壁で祈るユダヤ教徒

（動画）
エルサレムのユダ
ヤ人

嘆きの壁遠景
右が嘆きの壁、左後方にイスラー
ムの２つのモスクが見える。

代表的な聖地のひとつに**エルサレム**があります。エルサレムはパレスティナ地域の中心都市で、石の塀に囲まれた旧市街はユダヤ教、キリスト教、イスラームの３宗教の聖地となっています。今もその地の所有や権利をめぐって争いが絶えません。なぜ、あの狭いエルサレムの旧市街に、それぞれの宗教の重要な聖地が隣接して存在しているのでしょう。そこには複雑な歴史的経緯が関わっています。

現在「神殿の丘」と呼ばれる場所にソロモン王が神殿を建てたのは紀元前965年のことでした。神殿にはモーセが神から受けた律法の石版を納めたアーク（契約の櫃）が安置されていました。神殿は何度かの破壊と再建を体験しました。紀元20年にヘロデ王は壮麗な神殿を建築しました。しかしながら紀元70年にローマ軍によって破壊されてしまいます。以後ユダヤ教徒はエルサレム市内に住むことを禁じられました。たまに入ることを許されたユダヤ教徒は、破壊された神殿のわずかに残された外壁の一部に向かって離散の民（ディアスポラ）であることを嘆き、祖国の再建を祈るのでした。これが「嘆きの壁」です。

第２次大戦後の1948年にイスラエルが再建され、第３次中東戦争の結果、この地区はイスラエルの占領下になりました。現在は世界中のユダヤ教徒が「嘆きの壁」を訪れています。「嘆きの壁」は男性用のエリアと女性用のエリアに分けられ、夜にはライトアップされて24時間祈りを捧げることができます。

紀元326年、キリスト教を公認したコンスタンティヌス帝の母親ヘレナはエルサレムを訪れます。熱心なクリスチャンだったヘレナは、イエスを磔刑にしたゴルゴダの丘やイエスが磔になった十字架などをつぎつぎと特定していきました。そしてコンスタンティヌス帝はそれらの場所に礼拝堂や聖堂を建てたのでした。

その後建物は、イスラームとのたび重なる抗争によって破壊と再建が繰り返されました。11世紀にエルサレムを陥落させた十字軍が建てた聖堂が、現在の聖墳墓記念聖堂の元になりました。

聖墳墓教会は、複雑に構成された教会です。この教会には、イエスが衣をぬがされた場所、釘で十字架に打たれた場所、十字架が立てられた場所がそれぞれ祭壇になっています。そして聖墳墓教会の名前の由来通り、聖堂内の中心的な場所としてキリストの墓が存在します。

エルサレムには、「ヴィア・ドロローサ」（悲しみの道）と呼ばれる道があります。この道は旧市街のライオン門から少し入ったイスラーム地域から始

聖墳墓教会

（動画）
聖墳墓教会

宗教の格言　人には口が１つなのに、耳は２つあるのは何故だろうか。それは自分が話す倍だけ、他人の話を聞かなければならないからだ。
（ユダヤの格言）

聖なる国バチカン

バチカン市国はイタリア、ローマ市の中にある。面積は東京ディズニーランドより小さく、人口900人ほどの世界最小の国家だが、ローマ教皇がいるバチカン宮殿やサン・ピエトロ大聖堂（写真）があり、世界中のカトリックの総本山である。ミケランジェロのピエタ像やフレスコ画など数多くの美術品を収蔵し、世界中から信者や観光客が訪れる。

［動画］
バチカン

まっています。ヴィア・ドロローサには、聖書の記述や伝承に従って、14留（14ステーション）が指定されていて、プレートが壁などに埋め込まれています。1〜9までの留は屋外で、10から14の留は聖墳墓教会の中にあります。

ヴィア・ドロローサの14留（14ステーション）

❷イエス、十字架を背負わされる

❶イエス、死刑判決を受ける

❸イエス、十字架の重みで倒れる

❹母マリアが十字架を背負ったイエスに出会う

❼イエス、2度目に倒れる

❺キレネ人シモンがイエスに替わって十字架を背負わされる

❻女性ヴェロニカがイエスの顔を拭く

❽イエス、悲しむ女性たちを慰める

❾イエス、3度目に倒れる

聖墳墓教会

❿イエス、衣を脱がされる

⓫イエス、十字架に付けられる

⓬イエス、十字架上で息を引き取る

⓭アリマタヤのヨセフ、イエスの遺体を引き取る

⓮イエス、埋葬される

岩のドーム

ユダヤの神殿が破壊された丘の上には、現在、イスラームの岩のドームとアル・アクサー・モスクが建っています。つまり、嘆きの壁の向こう側に見える黄金のドームが最古のイスラーム建築といわれる岩のドームなのです。

岩の大きさは高さ2m、東西13m、南北17mの巨石です。岩を覆うドームは7世紀になってウマイヤ朝のカリフにより建設されたものです。この岩はイスラームとキリスト教、両方の聖典に登場します。

クルアーンによると、ムハンマドはある夜、大天使ガブリエルに導かれ、天馬に乗ってエルサレムを訪れます。ムハンマドは、ある岩の上に降り立ち、光りの梯子を昇って天界へと向かいアッラーに会いました。そして再び梯子を下りて岩の上に降り立ち、天馬に乗ってメッカに戻ります。その岩が岩のドームの中にある巨大な岩というわけです。そしてこの岩は、旧約聖書の中でアブラハムがわが子イサクを神に捧げようとした岩でもありました。

こうしてエルサレムは、3つの世界的な宗教の聖地となりました。

宗教の格言　人を裁くな、あなたがたも裁かれないようにするためである。あなたがたは、自分の裁く裁きで裁かれ、自分の量る秤で量り与えられる。
（『新約聖書』「マタイによる福音書」）

那智の滝

資料
熊野那智大社HP

セフィロトの樹
セフィロトの樹は10のセフィロト（領域）と22の小径によって宇宙論的象徴体系を表したもので、万物の祖型でもあるセフィロトの働きを理解することによって、宇宙と歴史の内在的な働きを解明することができるとされる。

動画
仏陀の生涯

多くの聖地には、共通した性格や特徴を見いだすことができます。

まず、聖地は遠隔地にあります。「遠隔地」はたんに距離的に遠い、ということ以上に、世俗的な世界から離れていることを意味しています。それでも、この遠さは絶望的な遠さではありません。行って帰ることのできる遠さです。世俗から離れる必要がありますが、日常から超越するわけではありません。

次に、聖地となる場所は聖性をもたなければなりません。その聖性には大きく分けて2つのタイプが認められます。

ひとつは**自然物**です。これには山、森、大木、岩、石、川、滝、湖、穴、洞などが該当します。湖面の氷の割れ目がせり上がる現象（御神渡り）が起こる場所も聖地となります。

ザンビアとジンバブエの国境にまたがる世界三大瀑布のひとつヴィクトリアの滝は、現地では「モシ・オ・トゥニャ（雷鳴とどろく水煙）」と呼ばれています。村の人々は、先祖の霊に水を捧げ、雨季に多くの雨が降るように雨乞いの儀式を行います。

日本でも滝は信仰の対象となっています。和歌山県那智勝浦町にある那智滝は、熊野那智大社の別宮である飛瀧神社のご神体です。神社には本殿や拝殿はなく、大滝を神と仰ぐしるしに自然石の磐鏡に金幣が飾られています。

巨石や樹木に対する信仰も、古代から世界中に広く見られます。旧約聖書にはエデンの園の中央に生命の樹があります。生命の樹はユダヤ教の神秘主義思想でセフィロトの樹として独自の発展を遂げました。セフィロトの樹は、近代以降、黒魔術やタロット占いでも重要視されるようになりました。

聖性のふたつめの理由として、その場所が、**神、教祖、聖者や聖人といった人々と関わりのある場合**であることがあげられます。

仏教には**四大聖地**といわれる場所があります。釈迦が誕生したルンビニー、悟りを得たブッダガヤ、初めて説法を説いたサルナート、入滅の地クシナガラです。さらに布教の地であるラージギール、教団ができたサヘート・マヘート、昇天の地サンカーシャ、最後の旅の地ヴァイシャリの4カ所を加えて**八大聖地**ともいいます。すべて釈迦の足跡にちなんだ場所です。

「巡礼」で述べるカイラス山は、ボン教の教祖シェン・ラブが天上から初めて降りた場所であり、ヒンドゥ教のシバ神の玉座でもあります。また仏教徒

は、釈迦が弟子に説法を説いている場所としています。

　そしてもうひとつ注目しておきたいのは、上のふたつの特徴は往々にして重なっているということです。カイラス山は見るからに聖地にふさわしい姿の山ですし、エルサレムにある岩のドームが守っているのも大岩です。

巡　礼

> **巡礼の定義**
> 俗なる日常世界から一時的に離脱して、聖なるものに近接もしくは接触し、もとの日常世界へ復帰する宗教行動である。

●世界の諸宗教にみられる巡礼

ベナレスのマニカルニカー・ガート
ガートは洗濯や沐浴に使われる川沿いの階段のことだが、このガートはもっぱら火葬場として使われ、遺灰はガンジス川に流される。ベナレスで死ぬと輪廻から解脱できるといわれ、この近くで死を待つ人も多い。

動画
ベナレス

　巡礼は古くから世界の諸宗教において行われてきました。聖地エルサレムへの巡礼が行われていたことが旧約聖書の「詩編」に見えます。都もうでの歌を歌いながらユダヤ教徒はエルサレムへと巡礼に向かいました。

　インドのヒンドゥ教徒にとっても巡礼は非常に重大な意味を持っています。ヒンドゥ教徒はガンジス川流域に点在する聖地を訪れることが生涯の願望だといわれています。そしてできればその地で荼毘にふされる（火葬される）ことを願っています。そのために、ガンジス川沿岸のバドリナート、ハルズワール、アラハバード、ベナレスといった代表的な聖地へと巡礼を行います。ガンジス川で沐浴し、ガンジス川の濁った水を飲み、死者の火葬の灰を流します。巡礼者は徒歩で各地をまわり野宿します。裸足や裸体の者も珍しくありません。苦行を積めば積むほど功徳が多いと考えられているからです。

　中国でも巡礼は盛んです。7世紀中国の求法僧玄奘（三蔵法師）が西域諸国を経てインドにいたり、仏跡の巡礼を行ったことは西遊記としてよく知られていますね。仏教の四大聖地・八大聖地の多くはインドにあり、日本からも多くの人が巡礼に出かけます。

　中国に仏教が浸透していくと、中国の霊山を巡礼する習慣ができました。**四大聖山**といわれる五台山、峨眉山、九華山、普陀山には多くの巡礼者が参拝するようになりました。四大聖山の中でももっとも古く著名なのは山西省にある五台山です。五台山は文殊菩薩の住む山として知られ、日本からも唐代には玄昉や円仁、宋代には奝然や成尋など多くの僧が訪れました。円仁は巡礼の様子を『入唐求法 巡 礼行記』として著していますが、百人以上の巡礼者が同時に宿泊していたと記しています。

宗教クイズ　問題：ヒンドゥ教徒が食事の際に食べてもいいものはどれでしょう？　（正解は次頁）
①牛肉　②豚肉　③羊肉　④鶏肉　⑤魚介類　⑥海草　⑦根菜　⑧卵

●イスラームのメッカ巡礼

巡礼（ハッジ）といえばイスラームの巡礼を思い浮かべる人も少なくないでしょう。メッカのカァバ神殿の周りをぐるぐるとまわる映像を見たことがある人もいると思います。巡礼は、信仰告白（シャハーダ）、礼拝（サラート）、喜捨（ザカート）、断食（サウム）と並ぶ信仰の五柱といわれる重大な宗教行為です。ムスリムであれば、生涯に一度はメッカへの巡礼をするよう義務づけられています。

メッカの中心にアスジド・アル・ハラムという聖なるモスクがあります。このモスクは周囲を回廊で囲われていますが、その中心にあるのがカァバ神殿です。カァバ神殿は黒の花崗岩でできた縦13m、横12m、高さ15mの直方体の建物で、黄金の刺繍がほどこされた黒の絹布で覆われています。しかしながら建物の中はからっぽです。イスラームは偶像崇拝を否定しているからです。巡礼は、カァバ神殿を時計と反対方向に7回まわることから始まります。はじめの3回は速く、残りの4回はゆっくりとまわります。これをタワーフといいます。次にカァバ神殿の前にあるサファーとマルファーというふたつの丘の間を7回往復します。

ここからはカァバ神殿から離れて巡礼が行われます。メッカの北方にあるミナーの谷に行き、午後の礼拝を行い、夜はそこで過ごします。翌朝アラファートへ向かいます。アラファートには慈悲の山と呼ばれる丘があり、その頂上に設けられた説教壇から長時間に渡って説教が続きます。日没になると巡礼者たちはムズダリファに向かい夜の礼拝をします。3日目、ミナーの谷に戻って投石の儀礼を行い、犠牲を捧げます。ミナーの谷は捧げられた牛や羊といった犠牲獣の血で染まるといわれます。全行程が終わると再びメッカでタワーフを行い、巡礼は終了することになります。

イスラーム暦は陰暦なので、数年に一度は巡礼が真夏に当たってしまうことがあります。真夏の太陽が照りつける砂漠を長距離移動する巡礼では死者もでるといいます。

●キリスト教の巡礼、ルルド

ルルドはフランス南西部、ピレネー山脈の麓にある有名な巡礼地ですが、近代的な聖地というのが特徴です。というのもルルドが聖地として人々に知られるようになったのは19世紀の後半になってからのことなのです。

1858年2月11日、この地に住む貧しい粉屋の娘ベルナデッタ・スビルーが、付近にあるマサビエルといわれる洞窟で白い女性を見ました。ベルナデッタ

カァバ神殿をとりまく巡礼者

【動画】
サウジのメッカ巡礼

ミナーの谷
一面に巡礼者のテントが張られている。

ルルド
マリア出現の洞窟を覆うように、ロザリオ、クリプト、無原罪の宿りという三層の教会が建てられている。教会の右奥にはマリア出現の洞窟と奇跡の泉があり、沐浴もできるようになっている。

【資料】
ルルド巡礼センターHP

宗教クイズ 正解：③④⑦⑧　ヒンドゥでは川は神聖ですが海は忌み嫌われます。厳格な菜食主義者はこれらのすべてを食べません。根菜や卵を食べると生命のもとを絶つと考えるためです。

ベルナデッタの遺体
自然にミイラ化したため蝋製のマスクを被せられて安置されている。防腐処理されていないのに腐敗しないことも奇跡といわれる。

は合計18回、この白い女性と対面しています。少女だけに見える女性の噂が広まっていき、警察や司祭は対応にとまどいました。しかし、16回目に白い女性が「私は無原罪の宿りである」と述べたことで、この女性がマリアであることが確認され、事態は終息していきました。

病気直しの泉として有名になったルルドの泉が現れたのは9回目の出現の時でした。ベルナデッタが白い女性の言葉に従って洞窟の地面を掘ると、水がわき出しました。そして一週間後に最初の「奇跡」が起こります。それまで完全に右手が麻痺していた女性が泉の水に手を浸したところ、完全に治ったのでした。その後も多くの治癒例が報告されていますが、医学的には説明のできない治癒として130年間で64例が確認されています。現在でも、年間で数百万人を超える巡礼者がルルドを訪れ、そのうちの数万人が病気を患った人だといわれています。ルルドの泉は水道のように蛇口から飲むことが可能で、土産物屋で売っているマリア像をかたどった入れ物に入れて持ち帰ることもできます。私もひとつ持っています。

●聖山カイラスへの巡礼

聖山カイラス

チベット自治区西部に**カイラス山**という聖山があります。高さ6656mの山で、ヒンドゥ教、仏教、ボン教の3つの聖地です。登山許可を得ることができないため、前人未踏の山となっています。

ヒンドゥ教徒にとっては、カイラス山はシヴァ神の玉座であり、麓にあるマナサロワール湖はシヴァ神が白鳥に姿を変えて遊ぶ湖です。仏教徒にとってカイラス山は、釈迦が五百羅漢に囲まれて仏法を説いている姿を現しています。そしてボン教徒にとっては、教祖のシェン・ラブが天から降り立った場所です。

五体投地
巡礼者は起点の町ダルチェンにテントを張って巡礼の出発点とする。巡礼者のための宿泊施設はなく、市がたっているわけでもない。（21頁参照）

この聖山カイラスにも多くの巡礼がやってきます。巡礼路は1周約50km、歩いても数日かかるのですが、全行程を五体投地でまわる巡礼者が少なくありません。五体投地でまわれば1週間ほどかかります。しかも1周ではなく何周もまわります。そのあいだは岩陰で睡眠を取りながら巡礼を続けます。5000mの高地の酸素は平地の半分ほどしかなく、50kmの行程は歩くだけでも苦行です。岩のごつごつした茶色くすすけた道を五体投地で進むと、分厚い膝当てをつけ、手にグローブをはめてはいても、すぐにぼろぼろになってしまいます。髪は汚れ、鼻の頭は剥け、すさまじい形相になります。それでも彼らは来世の幸せを願って、5000mの高地を何十kmもまわり続けるのです。

宗教の格言　真の結婚は実際には巡礼であって、カトリックのドグマの最も高い意味における煉獄でなければならない。
（アミエル：スイスの哲学者）

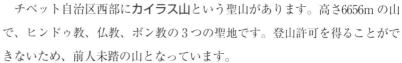
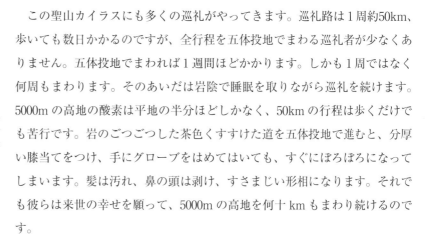

●日本の巡礼

日本でも古くから巡礼は行われてきました。奈良時代には京都に住む人々の間で南都七大寺詣が行われていました。平安時代になると、上皇や貴族が盛んに熊野詣をしました。とくに後白河上皇と後鳥羽上皇は数十回も熊野に詣でています。平安時代にはこの他にも高野山や金峰山、粉川寺などが参詣の対象となりましたが、どれも近畿地方に限定されていました。

日本の巡礼を代表する**西国三十三観音霊場**はおおよそ平安時代の終わり頃にできあがったといわれています。近畿地方に散在する観音信仰で有名な33か所の霊場を順番を追って参詣します。京都を中心とした観音霊場巡礼が流行したことに加えて、当時修験者が諸国の霊場をまわり始めたためといわれています。鎌倉時代になって坂東三十三観音霊場が設けられ、さらに戦国時代に秩父三十四観音霊場が開かれました。

江戸時代になって社会が安定し、経済的にゆとりが生まれ交通路が整備されていくにしたがって、巡礼は盛んになっていきます。観音霊場も日本百観音霊場といわれるようになり、多くの人々の信仰を集めました。

もうひとつ日本を代表する巡礼に**四国八十八か所巡礼**があります。一般的に四国遍路ともいわれるものです。四国に点在する弘法大師空海ゆかりの霊場88か所を一周します。弘法大師が42歳の厄年に四国を一巡して88か所を定めたと伝えられていますが、本当にそうなのかは定かではありません。第一番の札所は徳島県鳴門市の霊山寺で、徳島から始まり高知、愛媛とめぐり香川県大川郡の山深い寺大窪寺で終わります。全行程は1400 km 以上に及び、歩いてまわれば60日はかかるといわれます。

お遍路さんのいでたちは笈摺に笠をかぶり、手に金剛杖を持ちます。金剛杖には「南無遍照金剛」と弘法大師の宝号を記し、一人旅であれば笠に「同行二人」と記します。「同行二人」とは、巡礼者に大師が同行してくれることを表しています。まわり方はいろいろで、主要なコースに限定してまわる七か寺、十三か寺、十七か寺詣や、88か所を4回に分けてまわる一国参りというまわり方もあります。また、第一番の札所から順々にまわる順うちだけでなく、第八十八番から逆にまわる逆うちもあります。巡礼者は納経帳を用意して宝印を押してもらいます。

資料
西国三十三カ所巡礼 HP

column

霊場の数はなぜ33なのか

『法華経』に、観世音菩薩を念じると、観音様が33の姿に身を変えて現れ、衆生の苦しみを救ってくれると書かれていることによる。観音霊場の合計がちょうど100になるように秩父だけが34か所になっている。

資料
四国八十八カ所巡礼公式 HP

遍路笠

動画
四国巡礼の作法

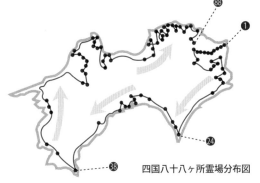

四国八十八ヶ所霊場分布図

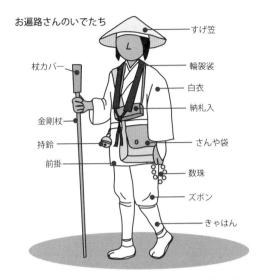

お遍路さんのいでたち

- すげ笠
- 輪袈裟
- 白衣
- 納札入
- さんや袋
- 数珠
- ズボン
- きゃはん
- 杖カバー
- 金剛杖
- 持鈴
- 前掛

　巡礼者は巡礼の途中、宿の提供を受けたり、食べ物やお金をもらうことがあります。宿の提供を「善根宿（ぜんこんやど）」といい、食物などの提供を「お接待」といいます。巡礼をするのと同じだけの功徳がある行為とされています。人間同士の優しさを感じさせますね。

　近年日本では、静かに巡礼ブームが進行しているといわれています。40代50代の熟年夫婦が、バスも車も使わずに自分の足で地道に遍路道を歩いています。彼らはどのような新しい自分や夫婦のあり方を探しているのでしょうか。

巡礼の構造

ヴィクター・ターナー
Victor Turner
1920-1983
イギリスの社会人類学者。スコットランドのグラスゴー生まれ。妻のエディス・ターナーとともに調査をした中央アフリカのンデンブ族の調査から、通過儀礼に関する重要な概念を見出した。

　巡礼でめぐる聖地は、あくまで日常の延長線上に位置するものと考えられます。つまり、聖地へ行ったきり帰ってこなくなるのではなくて、再びもとの日常世界へと帰還します。しかし、帰還した巡礼者は、出かける前とは異なっています。聖地をめぐる巡礼をすることで、いったん俗なる自分は死んでしまって別の自分になって帰ってくるのだ、という言い方ができるかもしれません。

　109頁では巡礼を「俗なる日常世界から一時的に離脱して、聖なるものに近接もしくは接触し、もとの日常世界へ復帰する宗教行動」と定義しました。この定義は、第3章「儀礼」の中で示したファン＝ヘネップの図式である、分離・過渡・統合という3つのプロセスと似ていませんか。

　イスラームの巡礼を例にすると、自分の所属している集団から離れ、沐浴し、爪を切ります。それまで着ていた衣服（地位や身分を表すもの）を脱ぎ去り、俗世と決別します。この分離期の後に、いわゆる巡礼といわれる過渡期が続きます。そして巡礼を終えた者は、ズル・ハッジという名誉ある名称をもらい、以前に所属していた村から歓迎されるのです（統合）。

　こうしてみると、巡礼ではある状態から別の状態へと「移行（過渡）」する過程が重要視されていることがわかります。この点に注目したのが人類学者の**ターナー**です。ターナーは**コムニタス**という概念を用いて巡礼を説明しようとしました。日常的な世界は地位と役割の体系からなっています。そうした中で人間は不安、攻撃性、妬み、恐れといった情緒的反応にとり囲まれて

います。ところが過渡期には、こうした構造とは異なった反構造（コムニタス）が生じます。人間は俗世のしがらみから解放され、真に人間同士の触れあいが生まれます。巡礼はまさしくそうした機会のひとつであると、ターナーは主張します。

　ターナーの理論がすべての巡礼にあてはまるわけではありませんが、なぜ人々が現在もなお巡礼に魅力を感じるのか、その理由のひとつをうまく説明しているように思えます。

私、四国遍路へ行ってみようかな。歩きながらゆっくり考えたら、本当の自分がわかるかもしれないし…

僕は聖地巡礼に行ったことがあるよ。アニメの好きな友だちがいて、人気アニメの舞台になっている神社へ行ってきたんだ。こういうのをファンの間では聖地巡礼というんだよ。みんなで記念写真を撮って、絵馬にアニメの登場人物の似顔絵を描いて奉納してくるんだ。

それって巡礼とは違うんじゃない？　たんなるエンターテイメントでしょ。そんな巡礼で自分が変わるとは思えないわ。

そうかな。みんなけっこう真剣なんだよ。

たしかにアニメファンにとっては特別な場所だということなんだろうね。でも、この章であげた巡礼とはずいぶん違うと思わないかい？　それを「聖地巡礼」と表現してしまうところに現代社会における「聖なるもの」の問題があると思うのだが、どうだろう。

久喜市の土師祭に登場した「らき☆すた」神輿
〔鷲宮商工会提供〕（116頁参照）

レポートを書いてみよう！

❶　テキストで取り上げた聖地と巡礼以外のものを取り上げ、その歴史的経緯や特徴についてまとめてみましょう。

参考1　日本の代表的な聖地である高野山や比叡山について、どのように聖地として形成されてきたか、その特徴はどのようなものかを考えてみましょう。

❷　近年、若者が伝統的な聖地である四国巡礼を歩いて回ったり、アニメやマンガに登場した場所をめぐる「聖地巡礼」が盛んであると指摘されています。こうしたことはどのように考えたらいいでしょうか。

参考2　宗教学者の星野英紀によれば、四国遍路が活況を呈している近年の状況は「平成遍路ブーム」と呼んでいいものだと述べています。テレビや雑誌で頻繁に取り上げられています。中高年だけでなく、若い女性たちの歩き遍路も目立ちます。

ここにおいて、巡礼路を歩くことは、自らの肉体を酷使し、疲弊するという身体的実感を伴うことが重要である。思索の果てに「我思う、ゆえに我あり」というテーゼに行き着いたのはルネ・デカルトであったが、歩き遍路ではまさに自らの足で歩いている／歩けている自己を発見することが、新しい出発点を見いだすきっかけとなる。そんなささやかな自己を再び価値あるものとして社会につなぎとめる装置が接待にほかならない。（略）接待は宗教的なシステムと経済的なシステムが交錯する交換関係であった。だが、現代の接待は、むしろ金品以上に温かい言葉や気持ちを交わすコミュニケーションと理解されている。歩き遍路を行っていると、「エライね」と声を掛けられることがある。私にこの言葉をかけてくれたある接待者は、この「エライ」には労いと尊びの両方の意味があるのだと語った。現代の歩き遍路がしばしば直面することに、接待される自己への戸惑いがある。自分の都合で歩き遍路を行っているのに、全くそれに関係のない他者が労いや尊びの言葉や気持ちを投げかけてくれるのはなぜか。自らにそんな価値があるのか。という問いである。このことは、アイデンティティをどうにか再構築する手がかりを得た自己に、それでよいのだという承認を与えることにつながる。儀礼の重要な役割は、当該の人物の属性が変更されたということを社会に知らしめることである。結婚披露宴の例を考えればわかりやすいだろう。時に、札所での祈りをしのいで接待こそが巡礼の魅力や価値として記憶されるのは、こうしたコミュニケーションの回路を通して、自己と、そして自らが再統合される社会すなわち他者とを共に価値あるものとして、戸惑いつつもポジティブに位置づけることが可能になるからである。

歩きや若者、定年といった特定の世代、そして接待の三つのキーワード群はこのように絡み合い、四国遍路の現代的な魅力を創造し続けている。それは社会制度としての通過儀礼が喪失された現代社会において、自らのアイデンティティの揺らぎをなんとか乗り越えようとした人びとが、巡礼と通過儀礼との結びつきという地下水脈を掘りあて、再び活用し始めたことを示している。現代の歩き遍路がしばしば「自分探し」と結びつけられる理由がここにある。個人個人がリアルなものとして体験したり実感したりすることが可能な、いわば個人化された通過儀礼として四国遍路が再発見されたこと。これこそが平成遍路ブームの核心にあるのである。

（星野英紀・浅川泰宏『四国遍路──さまざまな祈りの世界』吉川弘文館）

宗教社会学者の岡本亮輔は、若者に人気のある「らき☆すた」の舞台となった鷲宮神社への聖地巡礼について分析を行っています。若い皆さんは「聖地巡礼」というと、伝統的な聖地の巡礼ではなく、アニメの舞台となったと思われる場所を訪れる「聖地巡礼」を思い出す人も多いのではないかと思います。「新世紀エヴァンゲリオン」の箱根山、「涼宮ハルヒの憂鬱」の西宮市、「あの日見た花の名前を僕達はまだ知らない。」の秩父など数多くの場所がファンにとっては聖地と呼ばれています。「聖地」にはたんに特別な場所以上の意味が含まれているように思えます。

鷲宮神社は同社を舞台とするアニメ放映によって知られるようになり、その後もアニメに絡めたイベントが行われることで多くの人を集めるようになった。(略)つまり、神社に新たにアニメのイメージと物語が付加されることで、場所の持つ訴求力が地域を超えて働くようになったのである。

しかし、ここで注目したいのは、単にアニメの物語の挿入によって場所のイメージが多様化され、従来は神社と無縁だったアニメ・ファンのゲストが増加したという点だけではない。共同性という問題意識から考えた場合、鷲宮神社のケースには、比喩としての聖地という表現を超えたつながりの創出が見出せるように思われる。

そうした傾向が端的にうかがえるのが、毎年九月の第一日曜に行われる土師祭である。土師祭では、現在、二つの神輿が担がれている。メインは鷲宮神社に古くから伝わる神輿で、神社によれば、一七八九年に作られたものである。非常に大きくかなりの重さがあることから、千貫神輿と呼ばれている。土師祭では、昼と夜の二回、この千貫神輿が担がれる。

一方、二〇〇八年に登場したのが「らき☆すた神輿」である。これは、地元の人とアニメ・ファンのゲストが企画したもので、『らき☆すた』のアニメ・キャラクターが描かれた神輿である。土師祭に集まるアニメ・ファンから担ぎ手を募り、夜だけ担がれる。千貫神輿の後ろをついて進み、最後は鳥居前で二つの神輿が並ぶ。

千貫神輿は関東最大級とも言われる威容を誇る。担ぎ手のほとんどは、はっぴに身を包んだ威勢の良い人々である。一方、らき☆すた神輿は千貫神輿よりも数段小さく、手作り感も否めない。担ぎ手も普段着のアニメ・ファンがほとんどである。二つの神輿は、一見、本物の神輿と偽物の神輿という対照的な存在であるように思われる。伝統的な祭りに、いかにもメディアが生み出した作りもののイベントが付加されているような印象を受けるのである。(略)

千貫神輿とらき☆すた神輿は、神が宿っていない点では、どちらも伝統的な意味での宗教的な装置ではない。だが、仲間意識や地域への帰属感といった共同性の観点から考えると、らき☆すた神輿の方が宗教的だと言うこともできる。鷲宮在住のホストである祭興会のメンバーを除けば、千貫神輿の担ぎ手のほとんどは土師祭が終われば雲散霧消してしまう。翌年は、他に担ぎたい神輿やより都合の合う祭りがあれば、そちらに行くかもしれない。その意味で、千貫神輿はスポーツ神輿だと言える。

他方、らき☆すた神輿の担ぎ手にはリピーターが少なくない。らき☆すた神輿は、鷲宮が自分にとって他とは異なる重要な場所だと感じ、その場所との継続的なつながりを求める人々に担がれている。このように考えれば、より持続的な共同性によって支えられているのは、らき☆すた神輿だと言うこともできるのである。

(岡本亮輔『聖地巡礼——世界遺産からアニメの舞台まで』中公新書)

第10章 宗教学への接近

宗教現象を研究する

　これまで見てきたように、宗教は人類の誕生とともに生まれ、以後どの時代、どの地域、どの民族、どの社会においても消滅したことがない普遍的で多面的な現象です。

　ある時はひとりの人間が過酷な環境の中で耐えながら生きていくための支えとなり、またある時は社会的な勢力として国家に対抗する力ともなりました。個人の一番奥深い内面から、社会制度や組織としての外的側面まで、宗教は多くの表情を見せながら存続してきました。

　宗教を研究しようとすると、まず「宗教」の定義が問題になります。宗教と呼ぶ現象には共通の性質や特徴があるのでしょうか。どういう現象であれば、宗教と呼ぶことができるのでしょうか。欄外のミニコラム「宗教の定義」を読んでいただければおわかりのとおり、宗教の定義はたいへん多様です。

　宗教学では「宗教」を考察するときに、ひとつ重大な約束があります。私の師匠・柳川啓一先生の逸話を引用してみましょう。

　柳川先生がまだ学生だった頃、郷里の兵庫へ帰る汽車の中で居合わせたおばあさんに、大学で何を勉強しているか聞かれたのだそうです。若かった柳川先生は小一時間ほど、いっしょうけんめい宗教学は何たるかを話したのだそうです。話を聞き終わったおばあさんは、柳川先生に「けっこうな信仰ですね」と言ったそうです。話した柳川先生はギャフンとなったそうですが、ここに大きな問題があります。

　私たち宗教学者は、神が存在するのか、奇跡はあるのかを証明しようとして研究しているわけではありません。また、そうした現象を否定するために、実証的な研究をしているわけでもありません。神が存在すると信じている人や宗教という文化を科学的に研究するのです。宗教学の先駆者のひとりであるマックス・ミューラーは、宗教学を science of religion（宗教の科学）であるといっています。

戦後、宗教の実証的な研究に取り組んだ宗教学者の岸本英夫は、宗教学は日本ではじまってよい学問であった、と述べています。宗教学の成り立ちについて平易に語っていますので、まず、基本的な知識として読んでみましょう。

　おもうに、「宗教学」は、日本ではじまってもよい学問であった。
　日本ほどせまい地域に、異なった宗教が、ならび存している国は、珍しいからである。地球上の文明国として、ほとんど、他に類例がない。日本の国全体が、宗教の実験室のような観を呈している。
　宗教学の研究は、さまざまの異なった宗教を比較研究するところから、はじまった。宗教的研究の初期の名称が、「比較宗教」であったことは、それを物語っている。欧米は、宗教文化的にみると、キリスト教ひと色に、塗りつぶされている。それに比較して、日本は諸宗教を比較研究するのに、きわめて適した国である。
　しかし、宗教学がはじめて形成されたのは、日本ではなかった。他の多くの近代的な学問と同じように、宗教学も、西洋文化の中から生まれ出た。宗教学の黎明は、ヨーロッパの天地にはじまった。
　しかし、ヨーロッパでも、キリスト教至上主義的な信仰で固められている時代には、宗教学は、その存在の余地を見出すことができなかった。キリスト教神学だけしか、存在しえなかった。
　そのヨーロッパが、15世紀、16世紀ごろから、あらためて、内に、人間を発見し、外に、世界を発見しはじめた。宗教学的研究がヨーロッパで発生するためには、そのような、ヨーロッパの社会的、文化的展開が、欠くことのできない基礎的条件であった。

(岸本英夫『宗教学』大明堂)

宗教の定義

西田幾多郎　にしだきたろう
1870-1945
京都学派を代表する哲学者。石川県に生まれ、東京大学哲学科選科を卒業。京都大学で哲学を講義した。

〔引用〕
西田幾多郎「善の研究」『宗教学文献事典』(上田閑照)

　宗教の定義をひとつに絞ることはできませんが、研究対象となる現象の範囲があまりに曖昧では考察すること自体が難しくなります。研究スタンスを考える上でも、まず何人かの著名な研究者の宗教の定義を見てみましょう。

　長年、禅を体験していた哲学者・**西田幾多郎**は『善の研究』のなかで、宗教的欲求とは全宇宙的生命との一致の要求であるといっています。西田によれば、宇宙には唯一の根元的な統一力で純粋経験である神が存在します。この統一力は不断に分裂しながら大いなる統一へと発展していきます。そしてこの最大最深の統一を求めることこそが宗教だと西田はいいます。西田の宗教観は、長年にわたる禅の体験を基盤としてうち立てられたもので、一見するとひじょうに難解に見えます。一般的に言って、哲学者による宗教の定義はたいそう抽象的なものです。

　精神分析学の祖といわれる**フロイト**はどうでしょうか。フロイトは宗教的観念は心理的なものから発生したと考えました。フロイトは、宗教的観念は幻想であって、人類の一番昔からの、しかも一番切実な欲求を満たすことだといいます。それは、子が親の専制を憎んで父親を殺すが、そののち子が後

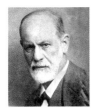

ジークムント・フロイト
Sigmund Freud
1856-1939
オーストリアの精神病学者。オーストリア・ハンガリー二重帝国下のフライベルクにユダヤ商人の息子として生まれる。無意識の発見者。他にも、イド、エディプス・コンプレックスなど多くの学説を発表した。

引用

フロイト「トーテムとタブー」『宗教学文献事典』(堀江宗正)

カール・マルクス
Karl Heinrich Marx
1818-1883
ドイツの思想家・マルクス主義の祖。ドイツ人弁護士の息子として生まれる。ボン大学とベルリン大学で哲学と法学を学ぶ。エンゲルスとともに共産主義による社会革命を目ざした。

悔と罪悪感を抱いて父を神として祀るようになったというものです。無意識や集合意識のなかに宗教の起源を求めようとすることは、たしかに興味深く面白くはありますが、万人の共感を得るものではありません。

もう一人「宗教」についてよく知られた発言をした人物を取り上げてみましょう。**マルクス**は『ヘーゲル法哲学批判』のなかで「宗教はアヘンである」という有名な発言をしています。「宗教は悩める者のため息、非情な世界の情であるとともに、無精神の状態の精神である」といいます。そしてこの言葉の後に「宗教はアヘンである」と続きます。こうしたマルクスの定義は、地上の権力が天上の力となって現れ、人々の頭の中へ幻想を産み出すことを告発したものです。現実のつらさや不満が宗教によって癒されてしまうとしたら、為政者にとって宗教は都合のいい仕組み、組織になってしまうかもしれません。マルクスの指摘は宗教の一面の真実を表していると思えますが、宗教の持つ意味はこれだけに限定されるわけではありません。

　反宗教的批判の基礎は、人間が宗教をつくるのであり、宗教が人間をつくるのではない、ということにある。しかも宗教は、自分自身をまだ自分のものとしていない人間か、または一度は自分のものとしてもまた喪失してしまった人間か、いずれかの人間の自己意識であり自己感情なのである。しかし人間というものは、この世界の外部にうずくまっている抽象的な存在ではない。人間とはすなわち人間の世界であり、国家であり、社会的結合である。この国家、この社会的結合が倒錯した世界であるがゆえに、倒錯した世界意識である宗教を生みだすのである。宗教は、この世界の一般的理論であり、それの百科全書的要綱であり、それの通俗的なかたちをとった論理学であり、それの唯心論的な、体面にかかわる問題（point-d' honneur）であり、それの熱狂であり、それの道徳的承認であり、それの儀式ばった補完であり、それの慰めと正当化との一般的根拠である。宗教は、人間的本質が真の現実性をもたないがために、人間的本質を空想的に実現したものである。それゆえ、宗教に対する闘争は、間接的には、宗教という精神的芳香をただよわせているこの世界に対する闘争なのである。

　宗教上の悲惨は、現実的な悲惨の表現でもあるし、現実的な悲惨にたいする抗議でもある。宗教は、抑圧された生きものの嘆息であり、非情な世界の心情であるとともに、精神を失った状態の精神である。それは民衆の阿片である。

　民衆の幻想的な幸福である宗教を揚棄することは、民衆の現実的な幸福を要求することである。民衆が自分の状態についてもつ幻想を棄てるよう要求することは、それらの幻想を必要とするような状態を棄てるよう要求することである。したがって、宗教への批判は、宗教を後光とするこの涙の谷（現世）への批判の萌しをはらんでいる。　（マルクス「ヘーゲル法哲学批判序説」『ユダヤ人問題によせて/ヘーゲル法哲学批判序説』岩波文庫）

宗教の定義　人々は宗教を軽蔑している。彼らは宗教を嫌悪し、宗教が真実であるのを怖れている。これを矯正するには、まず宗教が理性に反するものでないことを示してやらねばならない。　　（パスカル『パンセ』）

岸本英夫 きしもとひでお
1903-1964
兵庫県生まれ。宗教神秘主義の研究に始まり、戦後は占領下での宗教の制度的側面にも関わった。宗教の定義の問題に強い関心を抱き、『宗教学』を著した。

〔引用〕
岸本英夫「宗教学」
『宗教学文献事典』
（石井研士）

このように宗教の定義は、百人いれば百の定義が生まれてくるようなものかもしれません。それでは宗教がきちんと定義できなければ、研究したり考察したりすることはできないのでしょうか。そんなことはありません。私たちは歴史的にも常識的にも「宗教」というものを知っているわけですから、おおよそ「宗教」とはこのような範囲を含むものという作業仮説を立てておいて、分析上いよいよ明確な定義が必要となってきたら定義を立てて考察すればいいということになります。

「宗教」の定義になみなみならぬ意欲を注いだ宗教学者に岸本英夫という研究者がいます。岸本は、人間の生活活動を中心とした文化現象として宗教を捉え、考察に考察を重ねてつぎのような作業仮説を立てました。私たちもこの仮説を念頭に置きながら、次のステップに進んでいくことにいたしましょう。

> 宗教とは、人間生活の究極的な意味をあきらかにし、人間の問題の究極的な解決に関わりをもつと、人々によって信じられているいとなみを中心とした文化現象である。　　　　　　　　　　　　　　（岸本英夫『宗教学』）

宗教学の範囲

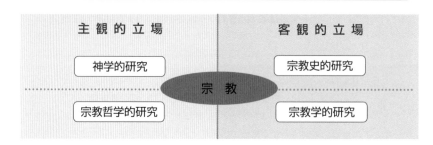

宗教学が宗教という現象をどのように研究しようとしているのか、岸本英夫が作成した図を説明しながら考えてみることにしましょう。

岸本はまず、宗教には2つの研究の立場があるといいます。ひとつは主観的立場といわれる研究で、信仰の立場からの研究です。「自分の信ずるべき宗教が、どういうものであるか。それを、いっそう深く、極めようとする研究」態度です。この領域には神学的研究と宗教哲学的研究が該当します。

もうひとつは客観的立場からの研究です。個人の思想や行動となって現れ

ワーク 1　上の岸本英夫の分類から、もっとも面白いと思う宗教学の領域をひとつ選んでください。その上で、具体的なテーマを3つ考えてみましょう。

宗教の格言　罪を知らざる者は真に神の愛を知ることは能わず、苦悩なき者は深き精神的趣味を理解することはできない。罪悪、苦悩は人間の精神的向上の要件である。　　　　　　（西田幾多郎『善の研究』）

たり、社会の場に置いて発現する宗教を実証的に研究することを目的としています。つまり宗教を「実証的に研究する。あるがままの姿で観察する。価値中立的な」立場からの研究です。この領域には宗教史的研究と宗教学的研究が該当します。

主観的研究 神学と宗教哲学

宗教学は近代になって生まれた学問です。それ以前に宗教についてまとまった考察が行われたのは、組織化の進んだ宗教団体においてでした。自らの信仰の中身を明確にするために、あるいは、他の宗教との競合の中で区別するために、言葉によって信仰が表現されました。神学という場合には、一般的にキリスト教神学を指しますが、同じように神に関する体系だった学問として、イスラーム神学、神道神学という言い方もします。

神学は神を中心とした現象に関する研究ですが、研究者が属している特定の宗教を基盤として研究が行われている点に特徴があります。つまり、研究者は研究の対象とする宗教を信仰しており、批判ではなく、あくまで護教という実践的な目的を持って行われます。ですから、信仰を持っていない者がキリスト教や神道について神学することはできません。

これに対して**宗教哲学**は、信仰ではなく理性をよりどころにして宗教の研究を行います。ヨーロッパでは啓蒙主義の頃から、ひとつではなく複数の宗教に関する知識が蓄積され、信仰を離れた自由な精神によって、諸宗教を研究しようとする傾向が生まれました。しかしながら宗教学と異なっているのは、宗教哲学の目的が「宗教の本質を明らかにし、自分にとってあるべき宗教を究めようとする」ことにあり、この点では主観的立場に終始しています。

最初に紹介した西田幾多郎による宗教の定義をもう一度読んでみてください。西田の定義は、西田が生涯をかけて明らかにした宗教の本質です。西田の営みは宗教の全体像を理論的で抽象的な作業によって明らかにしようとしています。

客観的研究としての宗教史的研究

科学としての宗教学が成立するためには、諸宗教に関する多くの知識を必要とします。個々の宗教はそれぞれ長い歴史的な変遷を経て、多様な地域、民族、文化へと広がり変化してきました。それゆえに、宗教を理解するためにはこうした歴史的展開を知る必要が生まれてきます。**宗教史的研究**は、基本的に、過去に起こった一回起的な事象として古代から現代までの宗教を個

別的に記述しようとします。

宗教史的研究は、たんに過去の出来事を順番に記述していくだけでなく、現在の出来事までも時間軸の中に位置づけて説明していこうとする研究です。

宗教学とはどのような学問か

宗教に関する研究すべてを「宗教学」というならば、岸本英夫の図にあるすべての領域を宗教学ということもできます。しかし、**より近代的で科学的な宗教学**は、もう少し明確な宗教現象に対する態度を持っています。それは、これまで述べてきた隣接の学問のあり方と比較するとよく理解できます。

宗教学は神学と異なり、信仰を持っていないと研究できないわけではありませんし、ひとつの宗教だけを対象にするわけでもありません。複数の宗教を価値中立的に論じます。宗教学の用いる重要な分析手段に**比較**があります。諸宗教のあり方を比較することで、個々の宗教の特徴が見えてきます。かつては**比較宗教学**（comparative religion）という言葉もよく使われました。

宗教哲学と比較することで、宗教学の特徴も見えてきます。宗教哲学は宗教の本質を明らかにしようとする思索的な営みですが、宗教学は実証的な経験の学です。ありのままの宗教の姿を捉えることを目的としています。

宗教学は宗教史の研究の延長線上に位置するものです。しかし、宗教史学が宗教を通時的に研究しようとするのに対して、宗教学は**共時的な視点**に立って、宗教現象を比較、分類、類型化します。過去から現在に現れた多様で多数の宗教現象を、シャマニズム、聖地、カリスマ、といった概念を用いて、宗教現象の**体系的な把握**を試みようとするのが宗教学です。

宗教学がどのような考え方で宗教という現象を理解しようとしているかわかってもらえたかな。

コラム（次頁）の「愛」の比較が面白かったです。比較してみると、それぞれの宗教の考え方の違いがわかりますね。私の恋愛経験はエロスの定義に近かったのでちょっとショック！

宗教の定義は人によって多様で難しい、ということを言ってきたけど、宗教学的視点から体系的に理解しようとすると、ある程度まとめることができるんだ。過去から現在までの宗教現象を念頭に置いて、だいたい３つくらいの定義、つまり「超越的」「究極的」「聖なるもの」といった概念で理解できるといわれているんだ。しかし、それぞれの欠点もあるので、その点も含めて考えることにしよう。

宗教における「愛」

　愛の宗教といえばキリスト教を思い浮かべる方が多いと思います。キリスト教の「愛」を理解するためには、新約聖書に書かれたギリシャ語の「エロース」と「アガペー」の違いを区別する必要がありそうです。

　ギリシャ語のエロースは、対象の持つ価値を愛するもので、相手が自分にどれだけのことをしてくれるのか、自分にとってどれだけ利益となるか、自分にない物を持っているか、といった価値に関わる愛です。自己愛といってもいいですね。新約聖書で説くキリスト教の愛はエロースではなくアガペーです。アガペーは愛ゆえに人間を創造した愛の神を意味しています。どのような相手であれ、敵対し反抗する者さえも愛する絶対的な愛を意味しており、エロースの自己愛に対して他者愛ということができます。神はキリストを通してこのアガペーの愛を人間に示したと考えられています。

　ところで仏教では「愛」はあまりいい意味で使われていません。渇愛や欲愛といわれるように、どうしようもない盲執、激しい欲望、煩悩を表しています。煩悩とは「心身を乱し悩ませ、正しい判断をさまたげる心のはたらき」（『仏教辞典』岩波書店）です。一般的な意味での「愛」を仏教用語で表そうとすると、法愛や慈愛という言葉になりますが、あまり使われないようです。意味からいえば「慈悲」ということになります。慈とは衆生をいつくしんで楽しみを与えること、悲とは衆生を憐れんで苦しみを抜くことを意味しています。

　神道ではどうでしょうか。少なくなったとはいえ、神前式の挙式は日本では一般的でした。結婚式を司る神道は「愛」をどのように捉えているのでしょうか。神道研究者の佐野和史さんによると、キリスト教の愛という概念に対応する概念を神道に見つけるのは難しいと言います。また「愛」に相当するやまとことばを指摘するのも困難だといいます。そして「敢えて神々の人（あるいは万物）に対するはたらきを表現する言葉、または、人間の生活実践における倫理基準としての神道的理念を代表する言葉をあげるとすれば、「みたまのふゆ」とか「まこと」という言葉」になるといいます（『仏教・キリスト教・イスラーム・神道どこが違うの』大法輪閣）。「みたまのふゆ」とは天神や天皇の御稜威・御恩を尊んでいう言葉です。

宗教学における「宗教」の解釈

●「超越的」なものとしての宗教

　宗教を超越的なものとして捉えることには、それほど違和感を抱かないだろうと思います。神はわれわれの日常生活を超えた彼方にいるものでしょうし、この世の煩わしさや悩みを超越した存在のはずです。宗教は、経験的存在と経験を超えた超越的存在との区別にかかわる信仰と象徴の体系であり、信仰者は経験を超えた存在に従属している、と考える人々や文化があります。

宗教の定義　平和の宗教を持つ人間にとって、その最高の価値は愛である。戦争の宗教を持つ人間にとって、その最高の価値は闘争である。
（ディキンソン：アメリカの詩人『われわれの前の選択』）

しかしながら宗教の定義として過度に「超自然的」とか「超経験的」が強調されると、この範疇に入らない宗教文化が出てきそうです。つまり「超自然」というと、人間の住む現実と、神々や超越的な存在がいる超自然界とを明確に分離・断絶させてしまうことになります。西洋的な言い方をすれば、厳格な因果律と物理的エネルギーによって動いている自然界と、そうした法則にはまったく無頓着に存在する神の世界の2つが存在することになります。ところが、こうした区別が判然としない宗教文化も世界には広く見ることができます。

民俗学者の柳田国男や宗教学者の堀一郎は、日本人は人が神となる宗教文化を有していると述べています。私たち日本人にとって神と人との距離は、唯一神教のようにかけ離れたものではありません。たとえば、明治神宮（明治天皇と昭憲皇太后）、豊国神社（豊臣秀吉）、乃木神社（乃木希典）のように、日本には人を神として祀った神社がたくさんあります。

こうした偉業をとげた特別な人物だけではなく、もっと身近な人々もまた崇拝の対象になっています。家の仏壇には、ご先祖様の位牌が置かれており、毎日手を合わせる方もいらっしゃるはずです。われわれのような平凡な人間も、死んだあとは子孫の手によってご先祖として祀られることになります。

だからといって「超自然的」や「超経験的」という考え方が無駄なわけではありません。人間は、日常の平凡な世界だけではどうしても生きていけないような気がします。自分や自分の住んでいる世界を超えた領域へのやむにやまれぬ憧れ、つまり「あっちの世界」へ行こうとする志向性をたえず持っている、と考えれば、「超越」は人間の宗教性を理解する上でのキーワードのひとつとなります。

● 「究極的関心」としての宗教

宗教を神の有無や数から離れて、違った視点から把握しようとする際に「究極的関心」という概念が使われることがあります。「究極的」という言葉の響きに、本当に重要で特別なものというニュアンスが伝わってきます。

宗教を「究極的」という言葉で理解しようとした神学者にティリッヒという人がいます。ティリッヒによれば、宗教とは究極的関心によって捉えられた状態であるといいます。ですから究極的関心は、なぜわれわれは生きているのかという根本的な問いに対する答えを含んでいます。究極的関心はすべてを犠牲にしても追い求める真剣な営みです。

ところで、もし皆さんが「あなたの究極的関心は何ですか」と尋ねられた

堀一郎　ほりいちろう
1910-1974
第2次大戦後に多方面で業績を残した研究者。とくに『我が国民間信仰史の研究』は日本における民間信仰研究の基礎となった。

パウル・ティリッヒ
Paul Johannes Tillich
1886-1965
アメリカの神学者・哲学者。ベルリン大学などで神学を学んだ。ヒトラー政権下で大学を追われ渡米した。世俗社会における神学の試みは『組織神学』にまとめられている。

宗教の定義　幸せな人はいい気にならないために、幸せでないひとは支えとして、不幸な人は屈しないために、それぞれ信仰を必要とする。
（フンボルト：ドイツの政治家）

としたら、どう答えますか。ある人は「お金」と答えるかもしれません。またある人は「ゴルフ」と答え、毎週日曜日にゴルフ場のグリーンに立っているときに生き甲斐を感じるんだ、と言うかもしれません。またある人は、自分の一番大切な関心は「家族」であると答えるかもしれません。たしかに家族は、現代日本人にとってもっとも重大な関心事であることは、世論調査の結果からもわかります。最後に頼れるのは家族しかいないと考える人がたくさんいるわけです。それでも家族が宗教であるとはいえませんし、お金やゴルフも宗教とはいえないわけです。「究極的関心」の範囲をあまり広げてしまうと、かえって意味は不明確になってしまいます。

●聖と俗

引用
オットー「聖なるもの」『宗教学文献事典』(華園聰麿)

宗教を「聖」と「俗」の二分法を用いて説明しようとした人に、フランスの宗教社会学者**デュルケム**がいます。デュルケムは「宗教とは、神聖すなわち分離され禁止された事物と関連する信念と行事との連帯的な体系、教会と呼ばれる道徳的共同社会に、これに帰依するすべてのものを結合させる信念と行事である」(『宗教生活の原初形態』)と述べています。

エミール・デュルケム
Émile Durkheim
1858-1917
フランスの社会学者で、マックス・ウェーバーとともに宗教社会学の祖の一人。ユダヤ律法学の名門の家に生まれた。『自殺論』や『社会分業論』など多数の業績があるが、宗教に関しては『宗教生活の原初形態』が重要かつ基本的な文献である。

こうした視点を利用すると、宗教的な世界がはっきりと見えてくることがあります。たとえば神社はどうでしょうか。だいたい神社は遠くからでも、住宅や商店とは区別がつきますね。木々に囲まれていて、入口には鳥居が立っています。鳥居は世俗から神聖な境域を区別するための門を意味しています。手水舎で手と口をすすいで中に入ると、木立の中を参道が続いています。外の喧噪は嘘のように遠ざかっていきます。いくぶんかヒンヤリと感じます。奥まった所には神々を祀っている本殿が建っています。神社の中でももっとも神聖な場所です。神社は明らかに神聖な空間です。

引用
デュルケム「宗教生活の原初形態」『宗教学文献事典』(山崎亮)

お正月になると、多くの日本人が初詣に出かけます。全国でいちばん参拝者が多いのは明治神宮ですが、なぜ明治神宮に多くの都市民が集まるのでしょうか。人口が増えたからといって、けっして東京の神社の参拝者が同じように増えたわけではありません。参拝者は明治神宮に集中しているのです。いろいろな理由が考えられますが、理由のひとつは明治神宮がいかにも神社らしいからではないでしょうか。巨大な森に囲まれた空間は、東京という世俗的都市的な空間とは対照的です。お正月というあらたまった時に出かけていく神社としては、申し分のないところなのではないでしょうか。

キリスト教の教会もたんなる建物ではありません。聖書ではいろいろな表現を使って教会の意味が述べられています。キリストを幹とすると教会はブ

宗教の定義 宗教は抑圧された生き物の嘆息であり、また、それが魂なき状態の心情であると等しく、無情の世界の感情である。つまり、それは民衆の阿片である。(マルクス:ドイツの経済学者『ヘーゲル法哲学批判』)

ドウの枝、キリストを礎石とすると教会は神の家、そして教会は頭にキリストをいただく「キリストの体」です。高くそびえる塔は天を目指しており、天使がハシゴをつたって天に昇っていく姿を描いた教会もみられます。

　空間的にだけではなく、時間的にも聖なる時間と俗なる時間があります。民俗学の分析概念で「ハレ」と「ケ」というものがあります。ハレとは、ハレ着やハレの門出というように、あらたまった特別なめでたい状態をいいます。他方ケは、日常的な普通の生活を指すケ（褻）を意味しています。

　あるいは、聖なるものをちょっと拡大解釈して、日常とは異なった時間や場所とすると、人々が熱狂するコンサートやサッカーのワールドカップなどにも宗教性をみることができるかもしれません。しかしながらこの分類も、適応することでより性格や本質がはっきりと理解できる場合もありますが、あまり何にでも当てはめて使うことには無理があります。

●スピリチュアル

　近年、「スピリチュアリティ」への関心が高まっています。西洋近代において成立した「宗教」概念の再検討の必要性が指摘され、医療・看護分野ではスピリチュアルケアが確立しました。テレビでもスピリチュアル・カウンセラーを名乗る人物が人気となりました。スピリチュアリティは、個人の宗教的意識や感覚に焦点を置いた概念です。それゆえに宗教団体に加入しているかどうかとは無関係に成立します。たとえば、超自然的超越的な力や存在と神秘的なつながりを感じることで、新たなよりどころを見出したり、生きる意味や目的を自分の内部に見出そうとする精神活動を意味しています。教団といった組織から離れて、個人の経験に依拠した宗教性はいかにも近代的、いや現代的に思えます。

　しかしながら、組織から離れた個人の神秘的なもの（たとえば大自然、宇宙、内なる神など）とのつながりの経験や内面の成長は、この情報にあふれた高度消費社会の中でふらふらと揺れているようにも見えます。私たちは個人で自分を超えたものとのつながりを保ちながらこのストレスの多い社会を生きていけるのでしょうか。皆さんはどう思いますか。

引用
波平恵美子「ケガレの構造」『宗教学文献事典』（波平恵美子）

宗教の定義　宗教は、たとえそれが愛の宗教と呼ばれようと、その外にいる人々には過酷で無情なものである。
（フロイト：オーストリアの精神分析学者『集団心理学と自我の分析』）

宗教学の諸領域

マックス・ウェーバー
Max Weber
1864-1920
20世紀を代表するドイツの社会学者で、デュルケムとともに宗教社会学の祖のひとり。国会議員の息子として生まれた。ベルリン大学、フライブルク大学などの教授を務めた。ウェーバーの影響は社会科学全般に及んでおり、現在にいたるまで研究者の登竜門となっている。多くの研究の中でも『プロテスタンティズムの倫理と資本主義の精神』は必読書である。

118頁でフロイトの宗教の定義を見ましたが、皆さんどう思いましたか。フロイトは精神分析を行う研究者で、彼の定義は宗教の心理的な働きを中心に組み立てられていました。またマルクスの定義はどうでしょう。彼のとらえ方は、宗教と社会との関わりを中心にしていました。宗教現象は、個人の内面から社会的な側面まで多様な現象であるので、それぞれの側面に着目した領域の研究が展開しています。主要な領域は、宗教社会学、宗教心理学、宗教民族学、宗教地理学といったところでしょうか。ここでは、上記の4つの領域の研究について概略します。他にも多くの領域がありますので、ぜひ宗教研究者がどのようなテーマで研究をしているか、一度調べてみてください。日本宗教学会のウェブサイトでは、機関誌『宗教研究』に掲載された論文や、年に一度開催される学術大会のプログラムを見ることができます。研究テーマはバラエティに富んでいます。

資料 日本宗教学会 HP

『プロテスタンティズムの倫理と資本主義の精神』

　マックス・ウェーバーは「禁欲的プロテスタンティズムの職業倫理に基づいて行われた経済活動が、資本主義の勃興を促した」と考えました。このパラドキシカルな学説は次のように説明されています。

　カルヴィニズムの重要な教義に予定説があります。予定説とは、神は人間から無限に離れたところにいる（罪人としての人間は神に近づくことができない）、神はその地点からある人々を永遠の生命に、他の人々を永遠の死滅に予定した、だれが永遠の生命に予定されているかは人間にはわからないし、また神の予定を人間の営為（善行）によって覆すことも不可能である、という説です。こうした教義を信じる人たちにとって重要なのは、自分が永遠の生命を受ける側に選ばれているかどうかということになります。神しか知らないことを人間が知るよしもないわけですが、それでも人々はどうにかして自分が選ばれた人間であることを証明する証拠がないかと考えました。証拠とされることになったのは、世俗的な日常生活の中で、自然にわき起こる欲望から徹底した禁欲を保つことができ、神から与えられた職業労働に専心できるかどうかでした。こうして世俗における禁欲的プロテスタンティズムの職業倫理に基づく経済活動が、資本主義の精神を用意したということになります。

●宗教社会学（sociology of religion）

　宗教と社会の相互の関係を研究する学問です。この場合に「宗教」を機能的に捉えるか、実体的に捉えるかで研究の方法や対象が異なってきます。たとえば、宗教を宗教団体に限定して、政教分離や信教の自由、社会的存在としての宗教団体の制度的側面、社会貢献の度合いなどを考察するのは実体的実質的なとらえ方といえます。

　宗教社会学において、より重要視されてきたのは機能的定義で、多くの重要な研究成果が残されてきました。宗教が果たしてきた機能を抽出することで（たとえば秩序維持機能や変革機能）、「宗教」そのものを越えて、文化や価値観のレベルで語ることができるようになります。たとえば、宗教を「私たちの行為を根本的な部分で規定している価値システム」と考えれば、今でもアメリカには市民宗教という「宗教」が存在する、という分析も可能になります。この「宗教」は大統領就任演説の時に何度も「神のもとのアメリカ」という形で言及されますし、ワシントンにあるメモリアルパークでの行事が国家の宗教性を表していると指摘されます。宗教社会学の学祖のひとりである**デュルケム**は「社会こそ神である」といいましたし、もうひとりの先駆者**ウェーバー**は、プロテスタンティズムの倫理こそが資本主義の精神を産んだのだと、著書の中で述べています（コラム参照）。

●宗教心理学（psychology of religion）

　宗教は個人の内的体験や情緒に深く関わっています。ドイツの哲学者で神学者の**シュライエルマッハー**は、宗教の核心を「直感と感情」と理解しました。宗教的に目覚める回心、神秘体験、宗教的人格、宗教的情操など、興味深いテーマが数多く存在しています。

　宗教の心理的側面を研究しようとするのが**宗教心理学**です。しかし、宗教現象の心理的側面に着目して研究する方向性と、一般的な心理現象の一部として扱う場合とでは、方法や目的にかなりの相違が見られます。たとえば、教祖といわれる人の宗教的体験や回心を考察する場合と、精神病の一症例として扱う場合とは、自ずと異なってきます。

　宗教心理学者の**ジェイムズ**は、「健全な心と病める魂」という2つの類型によって宗教的人格を考察しました。「健全な心」の人は比較的楽天的に人生を受け入れ、自分自身の中に神性を感じたり、自然の中に神の営みを経験するようなタイプです。一方で「病める魂」の人は、人生の苦悩を人一倍感じるタイプで、超越的で厳しい父性的な神を信じる人です。

フリードリヒ・
シュライエルマッハー
Friedrich Daniel Ernst
Schleiermacher
1768–1834
ドイツの神学者・哲学者。ポーランドの改革派牧師の子として生まれた。シュライエルマッハーの『宗教論』は大きな影響を持った。宗教における感情の重要性を指摘している。

引用

シュライエルマッハー「宗教論」『宗教学文献事典』(川島堅二)

ウィリアム・ジェイムズ
William James
1842–1910
アメリカの心理学者・哲学者でプラグマティズムの創始者の一人。神学者の息子として生まれる。「健全な心と病める魂」、「二度生まれ型」など、宗教経験の諸相を分析した『宗教的経験の諸相』は基本的な文献である。

引用

ジェイムズ「宗教的経験の諸相」『宗教学文献事典』(堀雅彦)

**クロード・
レヴィ＝ストロース**
Claude Lévi-Strauss
1908-2009
フランスの人類学者で構造人類学の創設者。代表作『野生の思考』をはじめ、未開社会の文化を研究した。人類学のみならず隣接諸学に大きな影響を与えた。

引用
レヴィ＝ストロース「今日のトーテミズム」『宗教学文献事典』(嶋田義仁)

宗教的な人格の分類には他にも学説があります。また、宗教心理学には、たんなる心理学を超えて多くの人々の関心を惹起したユングの精神分析学なども入ります。

●宗教民族学（ethnology of religion）

宗教民族学は**宗教人類学**といわれることもありますが、未開民族の宗教を比較研究する学問領域です。未開社会においては宗教が重大な意味をもっており、未開社会を研究しようとすると、当然ながら宗教現象にも言及することになります。ですから、マリノフスキー、ラドクリフ＝ブラウン、リーチ、レヴィ＝ストロースといった著名な人類学者の業績に宗教の分析を見ることができます。宗教現象を研究することで、神話や世界観、親族構造や社会関係が考察されてきました。

●宗教地理学（geography of religion）

宗教地理学という名称は、不思議に響くかもしれません。宗教はその土地や風土と密接に関わりながら生成、発展してきました。宗教地理学は、宗教の分布、宗教と生態的環境との関係、さらにはその土地の生活慣習や衣食住が宗教によってどのように形作られているのか、といった分析を行います。近年では、世界遺産への注目から、ツーリズムをキーワードに新しい研究が盛んになっています。

この他にも宗教現象学、宗教民俗学など、宗教への多様なアプローチがあります。

宗教学って、世界の諸宗教の歴史から現状まで全部知らなくちゃいけないみたいで、たいへんですね。

なに、自分がおもしろいと思ったところから勉強すればいいんだよ。私の研究テーマは「現代社会と宗教」で、最近は「情報化と宗教」や「現代人における死の問題」に興味を持っているんだ。テーマに関する本や資料を探したり、調査を行うんだ。現実に起こっていることを掘り下げていくと興味深い本質がみえてくることがあるよ。

私は宗教行事に興味が湧きました。行事には特別な食事が結び付いていますよね。最近コンビニでも売っている節分の恵方巻なんかも宗教食なのかなぁ？

宗教学を学ぶために

　本書は、宗教と宗教学の全体を理解するための第一歩として構成されています。本書で取り上げたテーマも、宗教学が扱うテーマのほんの一部に過ぎません。皆さんの関心に従って、どんどん専門書を読んでいただきたいのですが、その前に、もうちょっと詳しい宗教学の入門書と、宗教学を学ぶための基本的な２冊の事典を紹介しておきたいと思います。ぜひ手にとってみてください。参考文献は167頁にもありますから、そちらも見てください。

『宗教学』 岸本英夫　大明堂　1961年

　本書は60年ほどたった現在でも、宗教の定義、宗教学の基本的枠組みを体系的に論じたものとして引用される。岸本英夫（1903-1964）は戦後の宗教学を代表する研究者である。本書でも岸本の宗教の定義を引用したが（114頁）、岸本の定義は、人間の問題としての宗教、神を立てない宗教、宗教体験の重視の３点を特徴としている。

　岸本は1954年スタンフォード大学で客員教授をしている間に皮膚ガンの手術を受けた。以後10年間にわたって、ガンと闘いながら研究活動を続けた。この間の心の揺れと宗教学者としての死への取り組み方を著したものに『死を見つめる心』（講談社、1964年）がある。

『祭りと儀礼の宗教学』 柳川啓一　筑摩書房　1987年

　本書は岸本英夫の後の世代を代表する宗教学者・柳川啓一（1926-1989）の論文集である。柳川の宗教理解は、人間の生活には非合理的なものが不可欠であるということを前提としている。非合理（聖）は合理的なもの（俗）を補足するために存在するのではなく、むしろ人間の生活には非合理的なものが基礎にあって、そして合理的なものがあると考えた。そうしたことから体験を通して宗教を理解しようと試み「祭りの感覚」などの論文が生まれた。本書は宗教学の理論的構築を意図したものでもなければ、社会変動と宗教の一般理論が示されているものでもない。それでも論文のひとつひとつは現在でも刺激的で、柳川の宗教に対するまなざしが、宗教を研究しようとする者に多くのヒントと示唆を与えてくれる。

『宗教学入門』 脇本平也　講談社学術文庫　1997年

　本書はラジオで１年間放送された内容をもとに12章で構成されている。副題に「入門宗教学」とあるように、平易に宗教学のスタンス、研究史が説明されている。内容は、宗教学の立場と分野、宗教の原初形態、科学・呪術・宗教、宗教の諸類型、宗教の構成要素、宗教的実在観、宗教的人間観、宗教的世界観、宗教儀礼、教団と社会、宗教体験と人格、宗教の機能である。

『比較宗教学』 ペイドン　東京大学出版会　1993年

　ペイドンはアメリカの宗教学者。個々の宗教を「世界」として捉え、比較することでそれぞれの宗教の共通性と異質性を理解することができると述べている。内容は、序章から始まり、伝統的な比較のやり方、学問分野としての宗教学、世界、神話、儀礼と時間、神々、清浄性の体系、比較の透視図の８章からなっている。

『宗教学辞典』 小口偉一・堀一郎監修　東京大学出版会　1973年

　科学としての宗教学の全貌を集大成した辞典。隣接諸科学との連繋による宗教現象の理論的把握を軸にして、宗教学の分析概念やキーワードを解説している。Ⅰ宗教学と関連諸学では、宗教現象学、宗教哲学、宗教社会学、宗教心理学などの領域の歴史と現状が展望されている。Ⅱ一般宗教用語、Ⅲ宗教思想、Ⅳ儀礼と修行、Ⅴ宗教と心理、Ⅵ宗教と社会、Ⅶ宗教と文化では個々の項目が宗教学としてどのように把握できるかが解説されている。宗教学を理解するための基本的かつ根本的な辞典。

『宗教学文献事典』 島薗進・石井研士・下田正弘・深澤英隆編　弘文堂　2007年

　本書は宗教学を中心に宗教に関する隣接諸学を含んだ849の主要な研究文献を紹介・解説した事典である。宗教研究に関して、どのような研究文献を参照すべきかわからない場合には、まず掲載された文献からあたってほしい。また、宗教を切り口にして、世界の多様な文化や社会のあり方が見えてくる、現代知のあり方が理解できる。

　巻末には、事典・辞典の解題付き紹介、講座・叢書一覧などが掲載されており、宗教研究のための必読のハンドブックである。

第11章 宗教団体の多様性

教団の存在意義とは

「宗教団体」ときくとどんなイメージが浮かぶかな？

勧誘されてお金をとられて洗脳されそうなイメージですね。「危険」「ヤバイ」「怖い」という感じです。

これまでにどこかの宗教団体に勧誘されるとか、危険な目にあったことはあるのかな？

直接にはないですが、テレビや週刊誌ではよく見ます。財産をすべてだまし取られたとか、脱会しようとしたらリンチにあったとか。友だちの友だちも被害にあったそうです。

でも、公園や駅前広場で清掃をしている人たちは宗教団体の人だって聞いたことがあるし、学校や病院をもっている教団もありますよね？

宗教団体は社会の中に必ず存在するといっていい。ある人が神の声を聞いた、宇宙の真理を悟った、と主張し、それを人々に伝えようとする。あるいは人々がその人のもとに集まるようになる。そうした集団の中から、しだいに教義や儀礼が整えられていって、宗教団体として組織化されていくものが現れるようになる。宗教が人類に不可欠な文化現象だとすれば、宗教団体も必ず生じる社会的組織のひとつなんだ。

> 宗教団体の定義
> 宗教活動を行う集団で、地位と役割が組織化されているものである。

　2011年３月11日東日本大震災が起こり、多くの人の命が奪われました。震災が起こってから現在に至るまで、多くの宗教者、教団が支援を続けています。本文の142頁以下にも記してありますが、教団の支援活動の大きなきっかけとなったのは、1995年の阪神淡路大震災でした。引用文は、大震災をふりかえって行われたシンポジウムの一部です。宗教団体のメンバーが支援のあり方について語っています。みなさんは、この文章からどのようなことを考えますか。

　私たちはあえて真如苑の者ですということは申し上げずに、市のボランティアにお手伝いにいったわけです。そこにはいろいろな方が集まっておられまして、いろいろなお声を聞き、お姿を見たわけです。その中で、一般の方々の交わしておられる言葉の中に、宗教のボランティア、ある特定の教団名を出してボランティアに来ている人に対しての、非常に強い抵抗感というものを感じました。何か、人の弱みにつけ込んで布教に来るのかというような受けとめ方、そんなことは現実にはないと思うのですけれども、漠然とそうした気持ちを持っていらっしゃる方が多いということが実際にございます。

　一例ですが、ある時、御衣を召されたある宗派の方々が、何か協力させてほしいと申し出ておいででした。その方々は何でもさせていただきたいという気持ちで来てくださったわけですね。ところが、ボランティアのスタッフの中には、ここに来られてもどうしたものかと、むしろ、お坊さんなら被災した人々のお話でも聞いた方がよいのではないかと何か厄介そうに仰られていたこともございました。やはり社会の中には宗教に対するある種の警戒感といいますか戸惑いとでもいいましょうか、厳然としてあるということを感じます。また一方の被災した方々の中にもいろいろな信心をお持ちの方がたくさんおいでになられたと思います。信仰の違いというものが何か一つの障壁になって、援助を受ける側を躊躇させるような場合も、悲しいことですけれども現実にあるようでございます。ですから、お互いの壁を越えて純粋に協力し合っていくという本来の理想からすれば、教団名を出さないということは、必ずしも当を得ているとは言えないかもしれませんが、実際には、これで良かったのではないかなと振り返っております。

（薦田裕由「真如苑のボランティア活動報告」『阪神大震災と宗教』東方出版）

宗教団体の種類

　宗教団体というと、私たち日本人はまず、キリスト教の教会や新宗教団体を思い浮かべるようです。会員として正式に登録し会費を納める、毎週定期的に教会や支部に通って行事に参加する、教義を学び日常生活において規則や戒律を守る、というイメージでしょうか。しかし、こうしたものだけが宗教団体ではありません。たとえば神社や寺院は宗教団体ではないのでしょうか。

　まず宗教集団を**合致的（自然的）宗教集団**と**独自的宗教集団**の２つに分けて考えることにしましょう。この分類はドイツの宗教社会学者ヴァッハが試みたものです。

ヨアヒム・ヴァッハ
Joachim Wach
1898–1955

●合致的（自然的）宗教集団

　合致的（自然的）宗教集団とは、非宗教的な契機による集団がそのまま宗教団体となっているような場合をいいます。未開や古代において典型的に見られる類型ですが、自分が生まれた社会関係の中で、地縁や血縁によって当然のようにある宗教を受け入れることを意味しています。

　たとえば日本人がお彼岸やお盆にお墓に詣るのは、宗派を開いた宗祖への信仰ゆえにではなく、そこにご先祖様（**血縁**）が祀られているからです。村人が総出で村の鎮守様のお祭りに参加するのは、自覚的意識的な信仰である前に、地域社会が安泰で豊作であることを祈るため（**地縁**）です。日本の企業の中には社運隆昌や安全祈願のために神社を祀っている会社が少なくありません。これも社縁によるもので、自覚的な信仰が前提になっているわけではありません。

●独自的宗教集団

　これに対して**独自的宗教集団**では、信仰そのものが集団を結成する第一次的契機となっています。自分の意志によって宗教を選び、その宗教集団の一員となる場合で、通常私たちが宗教団体と考えているものです。

　独自的宗教集団にもさまざまなタイプを見ることができます。ここでは**トレルチ**の分類を紹介しましょう。彼は、歴史的経緯を踏まえながら、チャーチ、セクト、ミスティック（カルト）という分類を立てました。

　チャーチとは、中世末期から近世初期のヨーロッパのキリスト教を念頭に置いた教団類型で、中世のカトリックを典型とします。信者は出生と同時に幼児洗礼を経て、当然のように教会の構成員になります。神の恩寵と人間の救済は、教義と教会で行われる儀礼を通して成就されることになります。秘儀を行う聖職者と、それを受ける俗人とは区別されています。政治的権力者と相互に助け合う関係になっているので、この世の状況には妥協的です。一般的に、国教といったものが該当します。

　セクトとは、中世のワルド派、カタリ派など異端として弾圧された運動や、カトリックから分離したプロテスタントの諸派を想定して作られた分類で、自覚的意識的に自らが選択して入信します。神の恩寵と個人の救済は、自らの「主観的」な意識と体験によって確認されます。聖職者は教師であって、チャーチのように聖職者と俗人が二分されていません。現世に対してはプロテスト（抵抗）の姿勢を持ち、世俗的権力には反発する傾向があります。近代になって、伝統的な宗教を背景にして生まれた宗教団体は、基本的にセク

エルンスト・トレルチ
Ernst Troeltsch
1865-1923
ドイツのプロテスタント神学者・哲学者。近代におけるキリスト教の歴史的運命の認識に多大な努力を傾けたが、トレルチの神学は、歴史哲学、宗教社会学など幅広い領域に影響を及ぼした。

【引用】
トレルチ「トレルチ著作集」『宗教学文献事典』（安酸敏眞）

column

カルト

宗教集団の一分類であった「カルト」が、現在のように反社会的暴力的な団体を意味するようになったのは1995年のオウム真理教事件以後で、マスコミが新宗教のうちで社会問題を巻き起こす宗教集団を「カルト」として報道したことに始まる。救世主と信じる強力な指導者への絶対的服従、マインド・コントロール、終末観、組織の閉鎖性などを特徴とする。

宗教の格言　人生の意義はあなたが人生から逃れることでなく、何を与えるかなのです。これがわかれば人生は豊かになります。
（キング牧師『最高の報酬』）

トと考えることができます。

　最後に**ミスティック(カルト)**ですが、これはチャーチやセクトとはかなり異なっています。ミスティック(カルト)では、神との合一という個人の内面的体験が強調されます。チャーチやセクトが集団であるのに対して、きわめて個人的な宗教、もしくは熱心な小集団によって構成される集団を意味します。

　現在カルトといえば、オウム真理教のように、反社会的で暴力的な宗教団体のことを指します。この場合の「カルト」は学術用語というよりも、実社会において、反社会的で詐欺的暴力的な活動をする一群の団体を表す言葉として定着したものです。

日本に宗教団体はどれくらいあるのか？

　宗教団体をめぐる報道を見ていると、しばしば誤った報道がなされていることに気がつきます。たとえばテレビや週刊誌は、オウム真理教のような教団が数多く存在することを強調するために、日本には18万、もしくは22万の**新宗教**団体があるといったり、現代が宗教ブームであることの証しとして、2億人を超える新宗教の信者数が存在すると報道します。そして、そうした数値の確かな根拠として文化庁編『宗教年鑑』というテロップが映し出されるわけです。

資料
文化庁宗務課「宗教関連統計に関する資料集」

　では、本当に日本には18万とか23万の新宗教があって、その信者数の合計は2億人を超えているのでしょうか。

資料
文化庁宗務課編『宗教年鑑 令和元年版』

　図表1を見てください。『宗教年鑑』に記載されている18万もしくは22万という数字は、日本の宗教法人数と宗教団体の総数のことだとわかります。宗教団体はいくつかの条件を備えていれば、法人格を取得して**宗教法人**になることができます。文部科学大臣もしくは都道府県知事が認証します。ですから、宗教法人の数は正確にわかります。図表1の宗教法人の総数に18万853という数字があります。これがテレビなどで新宗教の数といわれる「18万」なのです。

　ところで、この「18万」という数字が、新宗教の数ではないことは明らかですね。表の左側に神道系、仏教系、キリスト教系、諸教と書いてありますが、「神道系」の8万の大半は、じつは私たちの住まいの近くにある神社です。同じように「仏教系」の総数7万7112のうち大半は伝統的な寺院です。これらを引くと、新宗教の法人数は2万余となりますが、これがそのまま教団の数というわけでもありません。たとえば、立正佼成会や天理教などは傘下に

宗教の格言　神の国に入るのはなんと難しいことか。金持ちが神の国に入るよりも、らくだが針の穴を通る方がまだやさしい。
（『新約聖書』「マルコによる福音書」）

図表1　宗教団体数・宗教法人数・教師数・信者数 (文化庁編『宗教年鑑 令和元年版』)

項目	宗　教　団　体					
	神社	寺院	教会	布教所	その他	計
	81,074	76,930	31,100	20,197	6,269	215,570
神 道 系	80,983	14	5,026	847	627	87,497
仏 教 系	26	76,872	1,932	1,749	3,742	84,321
キリスト教系	—	3	7,102	724	756	8,585
諸 教	65	41	17,040	16,877	1,144	35,167

項目	宗　教　法　人					
	神社	寺院	教会	布教所	その他	計
	80,908	75,634	22,163	302	1,658	180,665
神 道 系	80,826	12	3,443	153	214	84,648
仏 教 系	23	75,581	950	106	382	77,042
キリスト教系	—	—	3,958	3	743	4,704
諸 教	59	41	13,182	40	319	14,271

項目	教　師　(　外　国　人　)						信者
	男	男(外国人)	女	女(外国人)	計	計(外国人)	
	315,579	2,821	344,079	1,248	659,658	4,069	181,329,376
神 道 系	45,595	30	26,102	39	71,697	69	87,219,808
仏 教 系	165,912	374	189,582	221	355,494	595	84,336,539
キリスト教系	26,959	2,259	4,660	824	31,619	3,083	1,921,484
諸 教	77,113	158	123,735	164	200,848	322	7,851,545

多くの教会（宗教法人）を抱えています。『宗教年鑑』によるとこうした新しい宗教団体の数は228になります。18万と228ではずいぶんと違いますね。

　ちなみに一定規模で持続的に宗教活動を行っている新宗教の教団は、350から400教団ほどだと考えられます。

　次に宗教団体の22万という数ですが、この22万という数値には18万の宗教法人数が含まれています。残り4万の宗教団体は、神社本庁や浄土真宗本願寺といった包括宗教法人を通して把握された、法人格を得ていない傘下の宗教団体数です。所轄庁の職員や研究者が定期的に全国を調査して、ひとつずつ宗教団体を数えた合計ではありません。ですから、日本に宗教団体は22万以上あることになりますが、だからといって膨大に多いわけでもありません。

　最後に1億8000万人の信者数ですが、この1億8000万という数字は『宗教年鑑』に記された信者数の欄の総数です。『宗教年鑑』に記載された信者数は教団からの自己申告数です。世論調査によると、特定の教団に入っていると

宗教クイズ　問題：神棚に供えてはいけないものはどれでしょう？（正解は次頁）
①ミネラル水　②カリフォルニア米　③ドイツビール　④フランスワイン　⑤岩塩

回答する日本人は約１割ですから、1260万人ほどになります。信者をどのように定義し把握するかという個々の教団の問題が背景にありますが、１億8000万人と1260万人ではずいぶんと違います。

日本の代表的な宗教団体

日本の代表的な宗教団体を確認してみましょう。図表２に、日本の代表的な宗教団体の資料を載せておきました。

神道は日本の民族宗教で、古代から現代にいたるまで多様な形態をとって存在してきました。ここでは教団として成立している神社神道と規模の大きい教派神道の教団を挙げてあります。

神社を中心に組織化された最大の教団は**神社本庁**です。神社が国家管理を離れるに際して大日本神祇会、皇典講究所、神宮奉斎会の民間三団体が中心となって昭和21年に発足しました。**教派神道**の諸団体は、伝統宗教である神道を母体にして、ある教祖や創唱者が組織した教団です。明治時代には公認宗教とされた教派神道が13派（黒住教、神道修成派、出雲大社教、実行教、神道大成教、神習教、扶桑教、御嶽教、神理教、禊教、金光教、天理教、神道大教）ありました。

仏教はインドから中国、朝鮮半島を経て６世紀に伝来しました。鎌倉時代初期までは日本の仏教宗派は８宗（南都六宗の三論、成実、倶舎、法相、華厳、律と、天台宗、真言宗）あると考えられていました。その後、浄土宗、浄土真宗、曹洞宗、臨済宗など増えていきました。戦前公認された仏教宗派は13派56宗で、13派とは、法相宗、華厳宗、律宗、天台宗、真言宗、融通念仏宗、浄土宗、臨済宗、真宗、曹洞宗、日蓮宗、時宗、黄檗宗のことでした。戦後は多くの教団が分離独立していきました。図表２には、仏教の流れを汲む**新宗教**の教団も含まれています。

キリスト教の伝来はイエズス会の宣教師ザビエルの来日（1543年）に始まります。ギリシャ正教は幕末、箱根にロシアの領事館が設置されたときに教会も併設されたことに始まります。ニコライが領事官付司祭として来日したのは文久元年（1861年）です。プロテスタントも幕末にアメリカから多くの会派の牧師が訪れたことに始まります。明治５年（1872年）に日本で初めての日本基督公会（教会）が横浜に建築されました。第２次大戦中は、ローマ・カトリックと正教会を除いては日本基督教団に合同しましたが、戦後分離独立する教団が現れました。図表２には戦後になって布教を始めた教団も含ま

資料
神社本庁 HP

参拝のしかた、神社についての解説のほか、日本神話の動画もある。

資料
教派神道連合会 HP

column

神道の種類
●

民族宗教である神道は、歴史的な経緯や形態により多様な形態を生み出した。神社を中心とする神道を神社神道、近世国学の神道思想・運動を復古神道、江戸時代前期に吉川惟足により創設された吉川神道、江戸時代初期の儒者で神道家の山崎闇斎が提唱した儒家神道、終戦前に認可を受けた神道系の13の新宗教を教派神道、皇室で営まれている祭儀を中心とした皇室神道あるいは国家神道など、さまざまである。

宗教
クイズ
正解：②　水、塩、米は必ず供えます。お酒もときどき供えます。お米は天照大神が葦原の中つ国（日本）の繁栄のために授けたものですので、日本でとれたものでないといけません。

図表2　主だった宗教法人の法人数・団体数・信者数 （宗教年鑑より作成）

神道系	宗教団体数	宗教法人数	教師数	信者数
神社本庁	78,774	78,663	21,755	76,487,172
黒住教	309	300	1,332	295,786
金光教	1,493	1,405	3,551	409,387
大本	724	39	4,383	167,184

仏教系	宗教団体数	宗教法人数	教師数	信者数
天台宗	3,323	3,095	4,022	1,533,998
高野山真言宗	3,600	3,508	6,157	…
真言宗智山派	2,900	2,852	3,526	551,167
真言宗豊山派	2,649	2,622	3,153	1,420,180
真如苑	15	14	103,384	938,156
浄土宗	7,026	6,977	10,739	6,021,900
浄土真宗本願寺派	10,269	10,203	19,277	7,888,999
真宗大谷派	8,638	8,576	17,168	7,515,286
臨済宗妙心寺派	3,347	3,338	3,308	372,682
曹洞宗	14,525	14,511	15,707	3,402,452
日蓮宗	5,146	4,495	7,932	3,567,047
日蓮正宗	704	594	854	728,600
霊友会	2,789	3	2,703	1,217,115
立正佼成会	604	2	77,684	2,373,451

キリスト教系	宗教団体数	宗教法人数	教師数	信者数
カトリック中央協議会	966	—	1,366	440,893
日本基督教団	1,698	1,392	3,262	111,090
日本バプテスト連盟	323	140	441	33,729
末日聖徒イエス・キリスト教会（モルモン）	271	—	820	127,535

諸　　教	宗教団体数	宗教法人数	教師数	信者数
天理教	32,206	13,606	144,922	1,201,587
円応教	288	53	2,815	449,727
生長の家	128	71	13,445	410,219
世界救世教	508	3	3,907	579,430
パーフェクトリバティー教団	240	1	431	721,508

文化庁編『宗教年鑑 令和元年版』

モルモン教教会
ユタ州ソルトレークシティにある
モルモン教の寺院。40年の歳月を
かけて1893年に完成した。モルモ
ン教は、ジョセフ・スミスによっ
て1830年にアメリカで創立された
キリスト教の一派で、正式には末
日聖徒イエス・キリスト教会。

資料
日本宗教連盟 HP

資料
日本キリスト教連
合会 HP

資料
全日本仏教会 HP

れています。

　諸教は『宗教年鑑』で用いられる分類で、神道系、仏教系、キリスト教系
ではないと主張する独自に創唱された宗教団体です。

　図表2に大規模な教団である創価学会が含まれていませんが、これは『宗
教年鑑』に信者数などを記載する条件が異なっているためです。教団の公表

**宗教の
定義**　われわれがインチキだと呼ぶもろもろの宗教もかつては本物だった。
（エマーソン：アメリカの哲学者『性格』）

資料
新日本宗教団体連
合会 HP

によると（『SOKAGAKKAI ANNUAL REPORT 2019年活動報告』）信者数は827万世帯となっており、単純に1世帯2.38人（平成27年国勢調査）として換算すると1968万人、日本の人口の約15％になります。

宗教団体の信頼度

　　　世論調査を見ている限り、宗教団体に対する日本人の評価は戦後しだいに厳しくなっていった、あるいは批判的になっていったということができます。

　　　1952年（昭和27年）に読売新聞社は、敗戦という未曾有の事態を契機に生じた新宗教の発生や思想界の動揺の中で、国民の宗教に対する考え方を知るために宗教に関する世論調査を実施したことがあります。その後、読売新聞社は1994年（平成6年）と1999年に同様の調査を行っています。昭和27年と

図表3　宗教団体に対する評価（読売新聞調査）

1952年 問 あなたは従来の宗教に対して何か望むことや改めてほしい点がありますか。

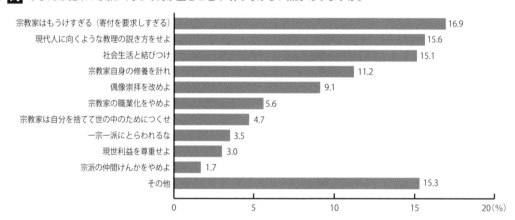

2005年 問 あなたは、いまの宗教や宗教団体について、次のようなことを感じていますか。そう感じているものがあればいくつでもあげてください。

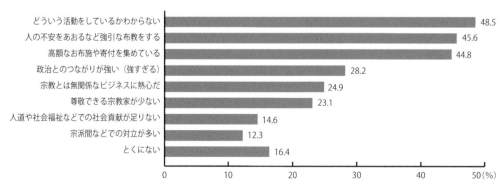

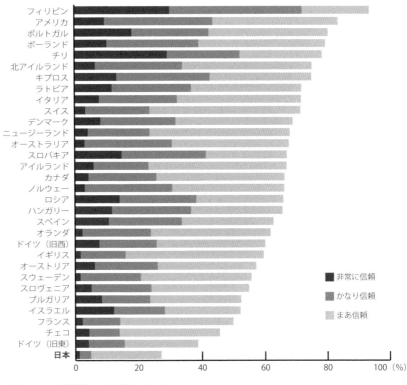

図表4　宗教団体の信頼度　国際比較 (ISSP, 1998)

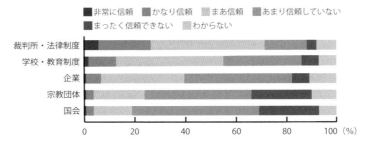

図表5　宗教団体の信頼度　国内 (ISSP, 1998)

平成に行われた調査を比較してみると、いくつか興味深い点が見えてきます。

　1952年の調査では低かった回答率が、平成の調査では一様に高くなっています。1952年の調査でもっとも回答率の高かった「宗教家はもうけすぎる（寄付を要求しすぎる）」（16.9％）は、2005年（平成17年）の「高額なお布施や寄付を集めている」（44.8％）へとはねあがっています。1952年の調査で回答率が10％を超えたのは「現代人に向くような教理の説き方をせよ」（15.6％）、「社会生活と結びつけ」（15.1％）、「宗教家自身の修養を計れ」（11.2％）の合計4つしかないのに、2005年の調査ではすべての選択肢が10％を超えているのです。

日本人の宗教団体に対する信頼は、他国と比較してもひじょうに低いことがわかります。図表4のどこに日本があるか探してみてください。フィリピンやアメリカの信頼度が8割を超えているのに対して、日本は「非常に信頼」と「かなり信頼」を合わせても5％ほどにしかなりません。

国内の他の制度と比較した調査結果があるので紹介しましょう。日本の主だった制度を挙げて信頼できるかどうかを尋ねたものです。最も多くの信頼を得たのは「裁判所や法律制度」で、回答者の7割が「信頼している」と回答しました。その次は「学校などの教育制度」で6割、最低だったのは「国会」で2割弱でした。「宗教団体」は「国会」よりはましでしたが、それでも24％の回答者が「信頼できる」と回答したにとどまりました。

宗教団体の光と闇

【動画】
オウム真理教
「地下鉄サリン事件から20年」

column

霊感商法

霊感商法とは、あたかも霊力や霊感があるかのように振る舞い、先祖の因縁や霊の祟りを免れるために壺や印鑑・掛け軸などを高額な値段で売る悪徳商法のこと。2008年の1年間で1510件、37億円の被害があったと報告されている。

【動画】
広がる「霊感商法・開運商法」被害
（2007年）

●宗教団体が招いた事件・紛争

私たちがテレビなどを通して知る宗教団体は、犯罪や大規模な詐欺を行う団体です。宗教団体が起こした事件の中でも特筆に値する**オウム真理教事件**について、次ページに経緯を記してみましょう。

テレビや新聞では、オウム真理教以外にも、多くの新しい宗教団体が事件を起こしていると報道されます。法の華三法行による巨額詐欺事件、統一教会、神世界、高島易断総本部による霊感商法など、後を絶ちません。

世界規模の**民族問題**や**地域紛争**にも宗教的要因は大きく関わっています。1960年代から30年以上にわたって3000人以上の犠牲者を出してきた北アイルランド紛争には、カトリックと英国国教会が深く関係しています。

インド北方にカシミールという地域があります。現在も、インド、パキスタン、中国との間で国境が確定されていません。この地は約9割がムスリムで、インド政府に対して闘争を繰り返し、ヒンドゥ教徒としばしば衝突を繰り返しています。

2000年9月11日、イスラーム過激派テロ組織アルカイダに乗っ取られた4機の旅客機が、ニューヨークの世界貿易センタービル・ツインタワーなどに突っ込むテロ攻撃を行いました。単純にイスラーム対キリスト教（アメリカ）とすることはできませんが、その後もイスラーム国（Islamic State）などの過激派組織による国際テロが数多く生じました。

宗教の格言 この世で最大の不幸は戦争や貧困などではありません。むしろそれによって見放され、「自分は誰からも必要とされていない」と感じることです。
（マザー・テレサ）

オウム真理教の事件の概要

　地下鉄サリン事件をはじめとしたオウム真理教による一連の事件は次のようなものです。

　被害者対策弁護団の弁護士・坂本堤さん一家を殺害した事件（1989年）、裁判官を殺害する目的でサリンを撒いた松本サリン事件（1994年）、財産を奪う目的で目黒公証役場事務長・假谷清志さん拉致監禁事件（1995年）、複数の地下鉄に毒ガスサリンを撒いた地下鉄サリン事件（1995年）、警察庁長官狙撃事件（1995年）、ほかにも覚醒剤や銃器の密造など、事実が明らかになるにつれて、オウム真理教は日本社会を震撼させることになりました。

　教祖の麻原彰晃（本名松本智津夫）は、1955年熊本県八代市に7人兄弟の4男として生まれました。先天性緑内障で左目がほとんど見えず、県立盲学校で14年間を過ごします。鍼灸師の資格を取得して1977年に上京、船橋市内で鍼灸師として治療を行いながら東大を受験しますが失敗。翌年、船橋市内で漢方薬局を開業しますが、1982年薬事法違反で逮捕、略式起訴されています。

　麻原は上京と同時に気学、四柱推命などの運命学や仙道に関心を持ちはじめ、ヨーガ実践や阿含宗入信を経て、1984年に渋谷でヨーガの修行道場を開きました。翌年、空中浮遊を体験し、神奈川県の三浦海岸で神からシャンバラ王国建設の使命を受けたとし、1986年には渋谷区桜丘町のマンションで「オウム神仙の会」を発足させました。その後、「オウム真理教」と改称し、本格的な教団活動を開始しました。1989年8月25日、東京都から単立宗教法人として認証され、翌年には富士宮に富士山総本部道場を建設しました。

　この頃からオウム真理教の布教活動に対して社会的な批判が活発になりました。宗教法人の認証を受けた2か月後には『サンデー毎日』が教団の反社会性を取り上げて、7回にわたる告発キャンペーンを行いました。教団の出家制度によって信者とその家族との連絡が困難になったり、出家の際に多額のお布施が渡されることなどが問題となり、1989年に「オウム真理教被害者の会」が結成されたのです。

　教団の形成当初は、ヨーガの修行による病気治癒や空中浮遊などの超能力獲得に中心が置かれていましたが、その後、さまざまなイニシエーションを経て解脱を目指す指向性が強まっていきました。教団の教義も、シバ神を崇拝し、すべての生き物を輪廻から救済するヨーガの世界観から、オカルト的な階層的宇宙観に移っていきました。1993年以降は、終末論思想が前面に押し出されるようになりました。

　なぜオウム真理教がこうした事件を起こしたのか。教義ゆえなのか、それとも組織の暴走なのか、あるいはカリスマ的な指導者のせいなのか。教祖が何もしゃべらない現在、事件の全貌は明らかになりません。他方で教団は名称を「アレフ」に改称し、「ひかりの輪」が分派して、現在も存続し続けています。

地元住民によるオウム真理教への抗議集会

（動画）
地下鉄サリン事件被害者インタビュー①

（動画）
地下鉄サリン事件被害者インタビュー②

●宗教は世界を救えるか

　20世紀は初めて諸宗教がお互いを知り合うようになった時代であった、と比較宗教学者のスマートは指摘しています。大航海時代以降、特定の地域に限定されていたそれぞれの宗教はしだいに拡大していき、衝突することになりました。そして20世紀、諸宗教は対立を超えてお互いの存在を認め、世界平和や環境問題に共同で取り組むようになっているといいます。

　人類の未来と世界平和のために宗教者同士がお互いに交流し、かつ、協力することを目的として1970年に**世界宗教者平和会議**（WCRP）が発足しました。第1回が京都で始まり、バチカンで開催された第6回イタリア会議では、ローマ法王ヨハネ・パウロ2世が「世界の傷を癒す」という記念講演を行っています。この時の参加は世界63か国、850名で、最終日には「うめき、苦しむ地球」を救うための共通倫理の確立を訴えた「リバ・デ・ガルダ宣言」が採択されました。

　こうした会議や平和運動は、世界中で広く行われています。日本では1987年から、世界平和を実現するために世界各地の諸宗教代表者が比叡山に集まる比叡山サミットと呼ばれる集会が行われています。

　しかしながら、宗教と関わった民族紛争や地域問題が絶えないことも紛れもない事実です。宗教者の祈りにもかかわらず、いぜんとして地球規模での重大な問題は解決をみていません。

●宗教団体の社会的貢献

　歴史を振り返ると、伝統的な教団から新しい宗教団体まで実に多くの宗教団体が、広範にしかもひたむきに社会活動や福祉活動を行ってきたことがわかります。

　キリスト教が、日本に伝来したきわめて早い時期から救貧、孤児救済、医療、教育など多方面に活躍したことはよく知られています。カトリックは戦国時代にハンセン病患者のための病院を設けています。明治時代になると築地に孤児院、神戸に養護施設などが設けられました。プロテスタントでも、石井十次による岡山孤児院をはじめとした数多くの孤児施設、原胤昭による免囚保護施設の設立など枚挙にいとまがありません。明治19年に結成された日本基督教婦人矯風会は日本で最初の婦人団体といわれ、廃娼運動、禁酒運動、婦人選挙権獲得などに多大な貢献をしてきました。

　社団法人シャンティ国際ボランティア会も長い活動実績を持ったボランティア団体です。もともとはタイに逃れてきたカンボジア難民の救援を目的

ニニアン・スマート
Ninian Smart
1927-2001

世界宗教者平和会議（WCRP）
2006年に京都で開催された第8回大会の様子。諸宗教間の対話と相互理解から生まれる英知を結集して平和のための宗教協力実現のために会議が開かれた。100を超える国・地域から約2000人が参加した。大会テーマは「平和のために集う諸宗教—あらゆる暴力をのり超え、共にすべてのいのちを守るために」。第1回も1970年に京都で開催された。

資料
世界宗教者平和会議HP

---

column

いのちの電話

　自殺者が毎年3万人を超えている。いのちの電話は、自殺願望に直面した当人にとって最後の危機回避の機会として知られている。20世紀初頭にアメリカの牧師が始めた運動で、日本では1969年に東京でキリスト教の団体を母体として始まった。トレーニングを受けた無償のボランティア相談員が、24時間体制で業務に当たっている。宗教の布教活動ではなく、広く社会に貢献している運動である。

に、曹洞宗東南アジア難民救済会議として1980年に出発しましたが、その後曹洞宗国際ボランティア会と改称、現在の名称にいたっています。タイ、ラオス、カンボジアで保育園や学校を建築したり、教材の制作や図書館活動など、教育や文化の支援を行っています。

　新しい宗教団体でも社会活動はごく当たり前のように行われています。立正佼成会のアフリカに毛布を送る運動は1984年にはじまり、400万枚ほどの毛布がエチオピアやモザンビークなどアフリカの20カ国以上に送られてきました。金光教では金光教平和活動センターや金光教国際センターが設けられ、多様な活動を展開しています。

　最後にもうひとつ、阪神淡路大震災での宗教団体の活動を挙げておきましょう。テレビや新聞ではほとんど報道されませんでしたが、多くの宗教団体のメンバーが地震後いち早く現場に駆けつけています。神社、寺院、キリスト教、そして新しい宗教団体と、宗派を問わず多大な貢献をしました。

　「阪神大震災が宗教者に投げかけたもの」をテーマに行われたシンポジウムを記録した『阪神大震災と宗教』（国際宗教研究所編）という本があります。浄土宗、神社神道、日本福音ルーテル教会、真如苑、創価学会、金光教、立正佼成会、天理教、カトリック、浄土真宗の10教団が、阪神大震災をどのように受け止め、活動したかを論じています。シンポジウムの内容や巻末の資料をみると、こうした教団が金銭的、人的など多方面で活動を展開したことが理解できます。けっして自慢話などではなく、自らの教団の社会的意味を模索し、悩んでいる姿もうかがうことができます。

　災害は阪神淡路大震災や東日本大震災（2011年）後も頻繁に生じています。関東東北豪雨（2015年）、熊本地震（2016年）、北海道胆振東部地震（2018年）は大災害でしたし、近年は台風を初めとした大規模な風水害が多発しています。

［動画］
一枚の毛布が届くまで

［動画］
追悼・復興祈願祭、鎌倉（建長寺、2012年3月11日）

［引用］
井門富二夫「世俗社会の宗教」『宗教学文献事典』（中野毅）

改めて言うまでもなく、阪神淡路大震災や東日本大震災で活動した教団は上記の10教団だけではありませんし、活動は国内だけでなく世界中で行われています。宗教を考えるにあたっては、こうしたこともきちんと評価する必要があるのではないでしょうか。宗教団体だからやるのは当然という無関心は、新宗教はすべていかがわしいとみる偏見と同じくらい危険です。私たちのすぐ傍らに存在する宗教団体を、偏見なく冷静な判断力で評価すべきだと思います。

宗教団体のイメージがずいぶん変わりました。いままでは勝手な思いこみが強かったみたいです。そういえばマザー・テレサだってシスターでしたよね。

マスコミの報道だけで偏った評価をしてきたことは認めます。宗教団体の活動について興味がなかったことも誤解の原因かな。

宗教団体の中には、たしかに反社会的なものや、詐欺商法まがいのものもある。しかしそれは全体からみれば本当にわずかで、信者に対してだけでなく、不特定多数に貢献をしている教団が少なくないんだ。

神様が紛争や人々の不幸を望むはずはないですものね。だからこそ公益性をもった幅広い貢献をしているわけですね。

そうだよ。でも、宗教団体は社会貢献活動を行い、公益性を持っていないといけないものなのかな？

レポートを書いてみよう！

 宗教団体の社会貢献について、具体的な事例を調べて考えてみましょう。

参考1 本文142頁でも述べたように、世界宗教者会議は1970年に京都で第1回が開催されました。参照文はそのときの京都会議宣言です。この宣言を参考にして、宗教と平和との関係について考えてみましょう。

　我々は、自らをも含めて一切の人々に対し、およそ教育、文化、科学、社会、宗教等の分野における真剣な努力は、その出発点において、まず人類と、人類のすべての営みが、今や一つの運命に結びつけられているという厳粛な事実の認識に立つべきだと言いたい。我々は、生きるのも死ぬのも一緒である。我々は、共通の破滅へと漂い行くこともできれば、平和のための戦いに共同して当たることもできる。一人一

人の生活の中で平和を徹底させ、平和のために犠牲を払う覚悟がない限り、戦争とその原因を真に告発することはできない。我々は、戦争に対し、また軍事的勝利による平和の達成という幻想に対して、断固たる反対の態度をとるように全力を尽くして世論をみちびき、人々の良心を覚醒しなければならない。

　宗教は今や、歴史的背景の相違を乗り越えて、真の平和達成しようとする努力に向かって万人を結束させるべきだと信ずる。我々は、歴史的諸宗教の外にある人でも、平和への願いを同じくするのであれば、教派的限界を乗り越えて協力する義務があると信ずる。

❷　　暴力的で反社会的なカルトの存在は、1995年のオウム真理教による地下鉄サリン事件以来、社会的に広く知られることになりました。カルトの問題点はどこにあるのでしょうか。考えてみましょう。

　参考2　カルト宗教の被害と闘う弁護士たちの書いた文章を参考に、何が問題なのか考えてみてください。

　そもそもなぜカルトが世界中で問題とされてきたのでしょうか。それはカルトが、幾多の社会的問題や事件を引き起こしてきたからです。つまりカルトという言葉は、決して最初に定義ありきの演繹的（えんえき）な概念言語ではありません。カルトは、実態を伴う経験帰納的な概念言語であることを理解する必要があります。一般には、この点に誤解があり、カルトという言葉を、得体の知れない宗教団体に対する一種の差別用語のように使用する例がありますが、それは間違いです。このことは最初に確認しておきたいと思います。

　それではカルトが社会との関係で、どのような問題や事件を引き起こしてきたのでしょうか。分類してみると、おおむね次の四つになります。

　①対社会妨害攻撃型　②資金獲得型　③家族破壊型　④信者・構成員収奪型

　以下、典型例をあげます。

　①の最たるものが、世界を震撼（しんかん）させた宗教法人オウム真理教（以下オウム真理教。現アーレフ）が引き起こした松本サリン事件や地下鉄サリン事件です。また大量殺戮（さつりく）やテロ事件に至らずとも、批判者への無言電話や中傷ビラ配布などの嫌がらせ、名誉毀損訴訟などの乱発、オウム真理教を鋭く追求していた坂本堤（つつみ）弁護士一家の殺害事件も①の例でしょう。

　②は、宗教法人世界基督教統一神霊協会（以下統一協会；2015年より世界平和統一家庭連合に名称変更：筆者注）の信者らが、現在でもなお全国組織的に展開している、霊感商法などの金銭被害事件が典型です。同種の事件は多発しており、カルトの資金獲得活動の行き過ぎが問題となっています。ちなみに筆者が対応した過去最大の金銭被害事件は、一家で約56億円の被害を受けたという事件で、統一協会の事案でした。

　③は、親子の断絶や離婚などの事件です。カルトの信者になったために、出家などで親子が断絶してしまう、夫婦が離婚に至ってしまうことが往々にして起きます。時に、カルトに入信した親とともに、その子供もカルト内で生活させられるなどし、これに心配した他方の親やその両親（子供から見れば祖父母）が、子供をカルトから取り戻そうとして、トラブルに発展するケースもあります。

　④は、信者の安全や健康を無視した無償労働、これに伴う事故や、パワーハラスメントやセクシャルハラスメントなど信者への虐待や性的収奪、児童虐待などがあげられます。マインドコントロールを駆使した勧誘で、対象者を心理的な脅迫状態に置き、心をがんじがらめにして「熱心な信者」に仕立て上げます。その上で、そういった精神状態に陥った信者に対し「労働基準法」「最低賃金法」などの労働法規の趣旨を逸脱した劣悪な信者管理を行い、信者を伝道活動の実践と称して、危険な地域に派遣したりもします。

　　　　　　　（紀藤正樹・山口貴士『カルト宗教──性的虐待と児童虐待はなぜ起きるのか』アスコム）

第12章 現代日本の宗教

日本人の宗教はどこへ向かうのか

これまで宗教の勉強をしてきたわけだけど、あらためて「日本人は宗教的か」と聞かれたらどう答えるかな？

多くの日本人が宗教的な行事には関心を持っていそうですが、それを宗教的と言っていいのかどうか。そもそも信仰心が薄い気がします。

初詣（兵庫県神戸市、弓弦羽神社）

昔はどうだったと思う？　ご両親や、おじいさん、おばあさんと比べてみて、なにか気づくことはあるかな？

そういえば、祖母はよく仏壇に手を合わせていますね。祖父母の家には神棚もありますよ。しょっちゅうお墓参りに行くし、家中に神社のお札が貼られているし。僕の両親はまったくやりませんけどね。

すごい。無宗教どころか、神道と仏教を両方祀っているんですね！

どうやら世代間で宗教意識に大きな違いがありそうだね。この章では、日本人の宗教性がどのようなものなのか、また、社会構造の変化によってそれがどのように変容したのか、という2つの視点から、現代日本人の宗教を考察してみよう。

引用文は、昭和21年（1946年）に行われた迷信調査の結果の一部です。当時の人々は、方角の吉凶に関してはかなり気にしていたことがわかります。近年、恵方巻きなど、方角に対する人々の関心が高くなっていると指摘されることがあります。私たちの宗教的感覚は70年前に戻ったのでしょうか。それとも、これだけ社会構造が変化したにもかかわらず、変わらなかったのでしょうか。あるいは、今回の現象が以前とは異なるものなのでしょうか。

　移転、旅行、普請等の場合に方角の吉凶を選ぶことも日の吉凶に劣らず行われている。此の多くも俗暦に載せられている九星だの歳徳神だの金神だのと星や神の名を冠してあることをもって人間の運命を支配する宇宙の真理に則るものとの心理的な影響がその普及を強めているものと思われる。

　五黄殺、暗剣殺、的殺は九星判断から出たものであり、天一天上、歳徳神、金神、八将軍は十干十二支に関連するもので何れも根拠のない迷信であることは論を俟たない。鬼門はその発生地である中国においては地方的な衛生保健上の理由も多少あったことは否めないが、其後それを越した迷信に発展した。東北の方向が保健上注意すべきであることは常識というほどもない当り前のことで、現在民間に行われている鬼門は明かにそれを通り越した完全な迷信となっている。

　次のようなもので方角の吉凶をきめていたら○をつけて下さい
　　的殺、暗剣殺、五黄殺、天一天上、歳徳神（恵方）、金神、八将軍（三年ふさがり）

　この質問に対し一つでも丸を附したものがあればそれを方角の吉凶を使っているものとして統計をとったものが次の表である。
　　総計　　いる　　　68%
　　　　　　いない　　32%
（略）
　　鬼門の方向は実際にさけていますか　　いる　いない
　　総計　　いる　　　66%
　　　　　　いない　　34%

（迷信調査協議会編『迷信の実態』技報堂）
＊旧字・旧仮名遣いは現代語に改めた。

日本人は宗教的か　国際比較から

　日本人は一般に、諸外国の人々と比較して非宗教的であるという認識があるようです。旅行や仕事で海外を訪れた際や、外国人と交流するなかで、また海外のニュースなどからもそう感じることはあるでしょう。2001年9月11日に起こった世界貿易センタービルへのテロや、アフガニスタンやイラクへのアメリカの侵攻、イランのウラン濃縮問題のニュースなどは、イスラームと切り離すことができません。

●宗教団体への帰属

世論調査などから日本人の宗教観を考えてみましょう。

まず宗教団体に信者として帰属しているかどうか、帰属に関する国際比較を見ると、日本人は明らかに帰属率の低いグループに属していることがわかります。アメリカの8割と比較して1割ほどにすぎません（図表1）。

宗教団体に対する信頼度を問う質問でも、日本は他国と比べてきわめて低いことがわかっています（139頁参照）。また、宗教団体の指導者が政府の決定に影響を与えようとすべきではない、という点もきわだって高くなっています。

図表1　宗教団体への帰属　国際比較（余暇開発センター、1981年）

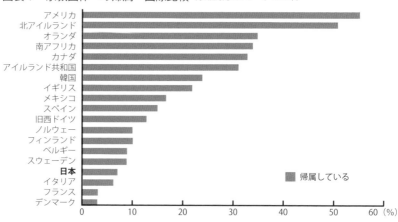

「あなたは何か信仰を持っていますか」という質問は、信仰心がどのように変化したかを知るための、もっとも基本的な質問です。図表2は「信仰の有無」について戦後実施された宗教に関する世論調査の結果をまとめたものです。日本人の信仰心は戦後ゆるやかに低下していることがわかります。

昭和20年代はおおよそどの調査でも6割ほどであった「信仰有り」の割合はその後次第に低下していき、現在は30％を切るまでになっています。戦後70年間に、日本人の「信仰有り」は半減した、あるいは多数派であった「信仰有り」は少数派になったという言い方もできると思います。

●日本人の宗教観は特別か

それでは日本人は宗教的ではないということなのでしょうか。こうした問いに対して、日本人の宗教性がキリスト教やイスラームとは異なっているだけだ、という説明がされることがあります。

 欧米では個人が神に向き合うが、日本人は自己の属する集団に恥をかかせないように己を規制する。
（ベネディクト：アメリカの人類学者『菊と刀』）

図表2 戦後の「信仰の有無」の変化

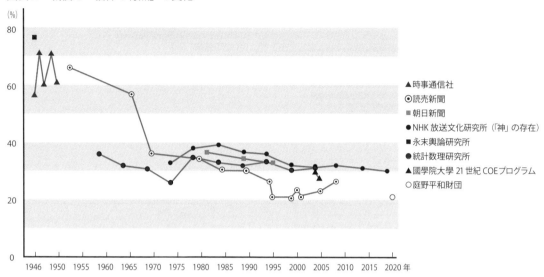

▲時事通信社
◎読売新聞
■朝日新聞
●NHK放送文化研究所（「神」の存在）
■永末輿論研究所
●統計数理研究所
▲國學院大學21世紀COEプログラム
○庭野平和財団

　次の文章は、アメリカの雑誌『タイム』が日本人の宗教生活について記した文章の一部です。日本人の宗教との関わり方が奇異に映るようです。

　白戸慶子は生まれてまもなく、華やかな絹の布に包まれ、両親に抱かれてお宮参りをした。そこでは白装束の神主が長寿と健康を祈って祝福を与えた。

　また少女時代の三度の誕生日にも神社を訪れ、神を呼び起こすため、柏手を打ち鈴を鳴らして参拝した。1980年、慶子は吉凶を占う仏教の暦に従って、吉日に結婚式の日取りを選んだが、東京の高級ホテル内の小さな教会でフィアンセとのあいだに交わした誓いの言葉はキリスト教スタイルだった。今26歳で一児の母でもある慶子は、いつか自分は仏式で埋葬され、墓には子孫が毎年訪れて仏僧とともに供養をしてくれるものと思っている。

　慶子にとって、こうした宗教の折衷はごく自然なことである。「わたしは祖先を尊敬してますから、それを仏教を通じて表しています」と彼女は説明する。「日本人ですから、神道の決まりも守ります。でも、キリスト教式で挙式すればきっときれいだろうなって思ったんです。矛盾しているかもしれませんが、それがどうだというのかしら。」

（『TIME日本特集　模索する大国日本』タイム・ライフ・ブックス）

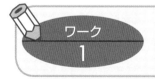 上の『タイム』の文章には、不正確な記述が見られます。気づいた点を書いてみなさい。
（解答例はQRコード）

図表 3　行事の実施 （読売新聞、2005年）

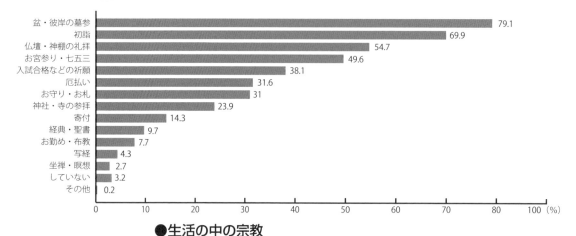

盆・彼岸の墓参	79.1
初詣	69.9
仏壇・神棚の礼拝	54.7
お宮参り・七五三	49.6
入試合格などの祈願	38.1
厄払い	31.6
お守り・お札	31
神社・寺の参拝	23.9
寄付	14.3
経典・聖書	9.7
お勤め・布教	7.7
写経	4.3
坐禅・瞑想	2.7
していない	3.2
その他	0.2

（動画）
初詣

小正月
木の枝に白く見えるのは、米の粉をまるめてさした繭玉（まゆだま）。小正月の14日に作り、正月の松飾りの代わりに神仏に供える。備える神仏によって繭玉の数が決まっている。
〔1957年 1 月13日、熊谷元一撮影〕

●生活の中の宗教

　文中の説明には不正確な記述も見られますが、日本人の宗教性の特質はわかると思います。教団への帰属や自覚的な信仰の有無ではなく、私たちの日常生活の中で宗教性が発露されています。日常生活において宗教性が顕著に見られるのは、**年中行事**と**通過儀礼**においてです。

　正月の初詣やお盆の墓参りのように季節の節目に行われる年中行事や、七五三や結婚式などの人生の折り目に実施される通過儀礼などで、私たち日本人は宗教と関わることになります。信仰を基本とした自覚的な宗教性とは異なる、日常生活をベースにしたこうした宗教性のあり方を**生活の中の宗教**と呼んでおきたいと思います。

　生活の中の宗教ですから、生活スタイルが変われば、当然宗教のあり方も変化することになります。私たちの生活は、第 2 次大戦後、とくに昭和30年代に始まる高度経済成長期以降大きく変わったのではないでしょうか。まず、日本人が一般的に行っていると考えられる行事の実施率の変化を見てみます。

　実施率がほぼ50％以上の行事は「お墓参り」「初詣」「仏壇・神棚の礼拝」「お宮参り・七五三」の 4 つで、あとの行事は 4 割以下となっています。とくに「お勤め・布教」「経典・聖書」「坐禅・瞑想」など、自覚的・意識的な宗教行動は、日本人の一部に支持されているにとどまっています。

　現在行われている年中行事を見ると、調査方法や調査対象が異なっているにも関わらず、おおよそどの調査でも同じ結果が示されています。「正月」「クリスマス」「お盆・節分」「母の日（おそらく父の日も含む）」「節分」「バレンタインデー」は全世代において幅広く行われている行事です。また「七五三」「ひなまつり」「ホワイトデー」「端午の節句」「七夕」といった行事は、それ

宗教の格言　無宗教──世界中の偉大な信仰の中で、一番重要な信仰。（ビアス：アメリカのジャーナリスト『悪魔の辞典』）

［動画］
小正月（どんど）

［資料］
神社本庁HP「お札
のまつり方」

らの行事とかかわる年齢や性差を考慮すると、現在でも行われている行事の中に含めてよいと考えられます。これらの行事は「母の日」と「ホワイトデー」を除けば宗教と深く関わる行事です。

調査の結果から、いくつかのことを指摘することができます。第1は、伝統行事の脱落もしくは消滅です。事八日、卯月八日、氷の朔日、水神祭、八朔、小正月といった伝統的な行事の実施率は、現在では著しく低くなっています。こうした行事は、たんに行われていないだけでなく、まったく見たことも聞いたこともない行事として回答されています。

第2は、伝統行事の中で現在も残っている行事の存在です。生き残った伝統行事も、その内容を調べると、伝統社会で行われてきた行事とは大きく異なっていることが理解できます。たとえば正月は、門松をたてる、年神棚を

図表4　年中行事実施率

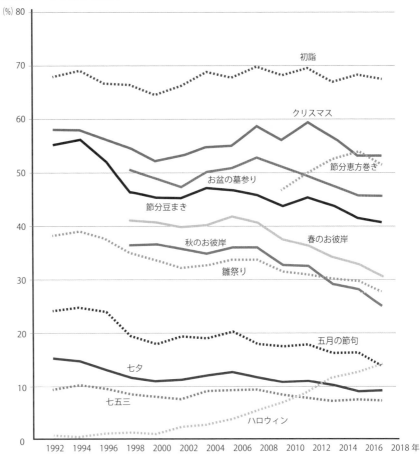

博報堂生活総合研究所「生活定点」調査より作成

作る、若水を汲むなど、これまで日本人に共通する重要な正月行事として考えてきたものが、ほとんど行われなくなっています。神を迎えて饗応し、ふたたび神を送る行事が正月行事の意味であるとすれば、現在の正月からはそうした性格はしだいに失われつつあるといっていいでしょう。

第3は、キリスト教文化に源を発する行事が定着しているということです。クリスマスやバレンタインデーはそうしたものであり、通過儀礼でいえば、チャペルウェディングがそうです。こうした儀礼の普及によって、日本人の間にキリスト教徒が増えたわけではありませんが、日本人がキリスト教によって喚起される「愛」や「幸せ」に結び付いているのではないでしょうか。

●神棚と仏壇

伝統的な日本人の家には、これまで多くのものが祀られていました。中でも神棚と仏壇はとくに重要な役割を果たしてきました。神棚は家と氏神様を繋ぐものであり、仏壇は菩提寺そして祖先崇拝のシンボル的な存在です。図表5は神棚と仏壇の保有率に関する調査結果を表したものです。

このデータを見るといくつかのことがわかります。まず第1に、最近になるにつれて神棚と仏壇の保有率が低下しています。第2に、とくに都市部での保有率の低下が著しくなっています。現在神棚は全国平均で5割ですが東京で3割ほど、仏壇は全国平均で6割、東京で4割ほどです。第3に、神棚と仏壇を比較すると、神棚の方が仏壇よりも減少が著しいようです。

神棚
神棚の起源は神話に遡ることができるが、庶民の間で一般的に祀られるようになったのは江戸時代になってからである。向かって中央に神宮大麻、右手に氏神様のお札、左手に崇敬する神社のお札を置く。

仏壇
広義には仏像を祀る壇のことで、庶民の間に浸透したのは江戸時代になってからである。近世の寺檀制度の成立や、「家」制度が確立したことで祖先祭祀が盛んになり、家庭内における先祖供養の場所となった。

火除け札が祀られたカマド

図表5　神棚・仏壇の保有率　　　　　　　　　　　　　　　　　　単位（％）

	調査年	神棚		仏壇	
		全国	14大都市	全国	14大都市
朝日新聞調査	1981	62.0		63.0	
NHK放送世論調査所	1981	60.0		61.0	
朝日新聞調査	1995	54.0		59.0	
神社本庁調査	1996	51.3	35.9	―	
宗教団体調査	1999	49.0	29.5	57.1	48.3
神社本庁調査	2001	50.5	36.8	―	
國學院大學COEプログラム調査	2004	44.0	29.2	56.1	46.9
神社本庁調査	2006	43.8	26.4	―	
日本人の宗教性調査	2009	43.1	28.0*1	52.1	48.0*1
伊勢神宮に関する調査	2014	36.4	25.2*2		
神社本庁調査	2016	41.2	29.2	―	
庭野平和財団調査	2019	35.7	29.9	48.1	42.2*2

＊1　19大都市、＊2　21大都市

宗教の格言　神は現世におけるいろいろな心配事のつぐないとして、われわれに希望と睡眠とを与え給うた。
（ヴォルテール：フランスの哲学者『人間論』）

　家の中から荒神様や秋葉様といった火除けのお札が消え、神棚や仏壇も無くなっていきます。子どもも家で生まれなくなり、人が死んでも家から棺（ひつぎ）が出ることがなくなりました。生活が変わっていく中で、私たちの宗教性は薄れてきたのかもしれません。

現代日本人の宗教意識

　宗教行動に続いて、宗教意識の変化について考えてみましょう。「神」や「仏」などが存在すると思うかどうかを尋ねた結果が図表6です。「神」「仏」「先祖の霊」がいると思う人が多くなっていますが、それでも3人に1人くらいの割合です。他の世論調査をみても「天国」「地獄」「来世」「生まれ変わり」「お守りやお札などの力」などの項目は2割に達していません。

　日本人の大半は初詣やお盆の墓参りに行くわけですから、まったく何も信じていないわけではないと思います。それでもあらためて神や仏が存在するか、その働きはどのようなものかと問われると首をひねることになります。

図表6　本当だと思うもの　年齢別 （國學院大學COEプログラム、2003年）

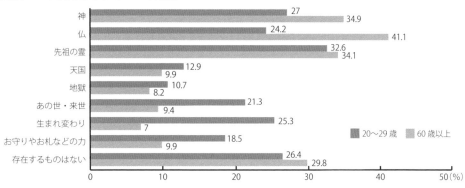

図表7　俗信など （読売新聞）

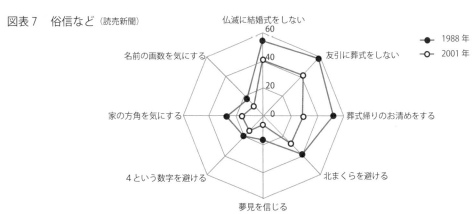

他にも、はっきりと「宗教」といえないもので、私たちの生活に深く関わっているものがあります。私たちはかつて、日の吉凶や虫の知らせを気にしていましたし、病気の際にまじないをしたり、仏滅の結婚式や友引の葬式はしてはいけないものと考えていました。現在私たちは、こうしたことに注意を払おうとしなくなっているようです（図表7）。

●若者の宗教的関心の変化

　オウム真理教事件をはじめとした宗教団体に関わる事件が起こったときに、若者の宗教的関心の高まりや、宗教性への強い志向性が強調されることがあります。また癒しやスピリチュアルといった言葉に敏感なのも若い人たちでしょう。一方で、宗教団体に入信している若者の割合はひじょうに低いことも明らかになっています。「信仰の有無」に関しても他の年代より低く2割ほどにとどまっています。宗教を「大切」とする若者よりも「大切ではない」とする若者の方がはるかに上回っています。若者はどのような意味で宗教的あるいは宗教的ではないのでしょうか。

　宗教意識について若年層（20代）と高齢層（60歳以上）を比較すると、顕著に差のあることがわかります。若者は「神」「仏」の存在をはじめ、伝統的と考えられる項目で肯定回答の低いことがわかります。ところが、「あの世・来世」「生まれ変わり」「お守りやお札の力」では、高い関心を示すのです。日本には、仏教的な意味での輪廻ではありませんが、生まれ変わりの信仰があったことは87頁で述べたとおりです。また、死後の世界である来世に対する信仰も存在しました。なぜ現代において、こうした信仰が若者に突出して現れるのでしょうか。核家族化した現代の家庭において教えられ伝えられたものではなさそうです。学校でも宗教的な知識や情操に関する教育は限られています。若者たちは別のルートからこうした情報を仕入れていると考えていいでしょう。少なくとも、これまでの伝統的な信仰とは明らかに異なっており、死や死後の世界に関する変容が生じていると考えられます。

　図表8をみてください。若者が関心を持っていると思われる事柄に関して、年代別に比較したグラフです。差は一目瞭然です。血液型への関心が高く、霊の存在や霊能者にも肯定的だという結論が出ています。

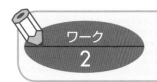

ワーク 2

マンガやアニメ、ゲームといったポップカルチャーに見られる宗教について800字程度で述べなさい。

（解答例はQRコード）

図表8　宗教意識の年代比較 (國學院大學 COE プログラム、2003年)

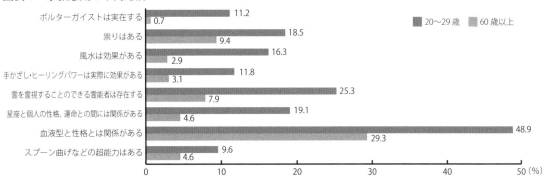

■ 20～29歳　■ 60歳以上

- ポルターガイストは実在する：11.2 / 0.7
- 祟りはある：18.5 / 9.4
- 風水は効果がある：16.3 / 2.9
- 手かざし・ヒーリングパワーは実際に効果がある：11.8 / 3.1
- 霊を霊視することのできる霊能者は存在する：25.3 / 7.9
- 星座と個人の性格、運命との間には関係がある：19.1 / 4.6
- 血液型と性格とは関係がある：48.9 / 29.3
- スプーン曲げなどの超能力はある：9.6 / 4.6

　戦後の社会変動によって、日本人の宗教性を維持してきた地域社会や「家」といった基盤に大きな変化が生じました。限界集落の数は急速に増加し地域にも広がっています。出生数が87万人を割り少子高齢化は後戻りできないところまできています。その結果、伝統的な宗教性は変容を余儀なくされ、生活の場における影響力も失っていきました。他方で、個人の宗教的感覚や感性に依拠するような宗教性がメディアで取り上げられ、盛んであるように見えますが、制度的基盤を欠いた宗教性は、情報と消費の間で翻弄されているように思えます。

　宗教は精神文化の中核をなす濃い文化です。宗教現象を考えることで、文化や社会の現状と未来を見通す力をつけてください。

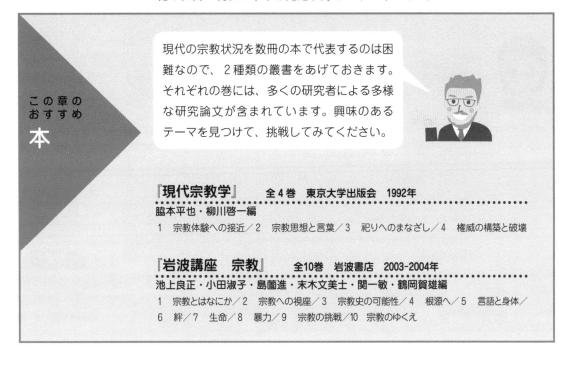

この章の
おすすめ
本

現代の宗教状況を数冊の本で代表するのは困難なので、2種類の叢書をあげておきます。それぞれの巻には、多くの研究者による多様な研究論文が含まれています。興味のあるテーマを見つけて、挑戦してみてください。

『現代宗教学』　全4巻　東京大学出版会　1992年
脇本平也・柳川啓一編
1　宗教体験への接近／2　宗教思想と言葉／3　祀りへのまなざし／4　権威の構築と破壊

『岩波講座　宗教』　全10巻　岩波書店　2003-2004年
池上良正・小田淑子・島薗進・末木文美士・関一敏・鶴岡賀雄編
1　宗教とはなにか／2　宗教への視座／3　宗教史の可能性／4　根源へ／5　言語と身体／
6　絆／7　生命／8　暴力／9　宗教の挑戦／10　宗教のゆくえ

先日、中学時代の恩師が亡くなって、お葬式に参列したんです。でも、あまりにあっけなくて、泣く時間もありませんでした。駅前のセレモニーホールでお焼香をして、出棺を見送って終わりでした。

昔は亡くなるのも、お通夜や葬儀を行うのも自宅だった。家の外に葬儀用の大きな花輪が並ぶから、誰が亡くなったか、すぐにわかったもんだ。

それも先生がおっしゃっていた、儀礼が家から消えていくということですか。

そうだね。結婚式も葬式もホテルや会館で行う画一的な儀礼になった。子どもが病院で生まれることで、出産に関する儀礼も消えていった。家で祀られているものも消えていった。日本人の宗教は生活の中で育まれてきたわけだから、私たちの宗教性も変わっていくだろうね。

日本人はこのまま宗教的な要素を失っていくんでしょうか。

いいや、どんなに文明が発達しても、人間が完全に合理的になることはないと思うんだ。人間は意味の世界に住んでいて、自分は何のために生まれてきたのか、自分はいったい何者なのか、そして、どこへ行こうとしているのか、その意味をさがしている。そこからは必ず宗教的なものが生まれてくるだろう。ただ、形や役割、影響力は違ってくるかもしれないね。

レポートを書いてみよう！

　現代日本の宗教に関しては、いろいろな視点があり、分析もさまざまです。伝統宗教は崩壊し、宗教団体を離れた個人主義的な新しいスピリチュアルの胎動を強調する研究者もいれば、医療や教育の中でますます宗教が重要になっていると指摘する者もいます。他方で、伝統宗教の存続や再生を述べたり、そうした宗教の現代的重要性を訴える者もいます。私たちが立っている現在は、過去と違って多様な様相を示し、理解が難しいものです。引用した文章を参考にして、現代日本社会の宗教について、自分なりの考えをまとめてみてください。

> 参考1　宗教学者の島薗進は現代社会において宗教は公共空間の多様な領域に拡がりつつあると指摘しています。あなたは、この説明に納得がいきますか。

　80年代以降の日本では、大きな書店にいくと「宗教書」のセクションの隣に、「精神世界」のセクションが置かれていることが多くなった。そこには、癒し、自己変容、輪廻転生、臨死体験、気功、ヨガ、瞑想、シャーマニズム、アニミズム、意識の進化、神秘体験、トランスパーソナル心理学、ホリスティック医療、ニューサイエンスといった話題を取り上げた書物が並ぶようになった。（略）このような書物に興味をもつ人々は、何らかの精神的探求を行ったり、慰めを得たりしながら、自らがある現代的な文化空間に参与していると自覚している。そうした文化空間が「精神世界」である。（略）

　新しいスピリチュアリティの潮流に加わる人たちの多くは、自らが世界を変革し、人類を進化させていく新しい潮流に参加していると考える。そのように前途に大きな目標を掲げ、人々の熱意をかき立てて行動しようとしているという点では、この現象は「運動」とよべるような特徴をもっている。しかし、他方、参加者の中には共同行動を行おうとしない者がむしろ多い。そうした人々はそれぞれ「自分が変わる」ことに満足して、他者と行動を分け持ち、仲間と他者に対して責任をとるという立場を引き受けようとしない。そのかわりに、個々人の意識の変容の集積が、人類全体の意識の変革に自動的につながっていくという考えがしばしば見られる。このように個人主義的で共同行動が乏しいという点では、「運動」というよりは消費主義的な「文化」の新しい形態と見なした方が適切である。このようにこの現象は、本来的に「運動」と持続的文化現象の両面をもっているので、新霊性運動、新霊性文化、新しいスピリチュアリティなど、どの呼称が適当か迷うところがある。

（島薗進『現代宗教とスピリチュアリティ』弘文堂）

> 参考2　宗教社会学者の石井研士は現代社会における儀礼文化の衰退を指摘し、日本人の宗教性が薄れているのではないかと述べています。あなたは自分や周囲の儀礼のあり方を念頭に置いて、この説明に納得がいきますか。

引用

　私たちは日常生活の中で、今でもいろいろな機会に、様々な儀礼を行っている。正月、節分、バレンタインデー、お彼岸、七夕、お盆、クリスマスといった年中行事。安産祈願、初宮、七五三、成人式、結婚式、厄よけ、葬儀などの通過儀礼が代表的なものである。小さなものまで挙げれば、かなりの数に上る。こうした儀礼の大半は伝統的に行われてきた儀礼であって、現在まで脈々と持続されてきたことになる。しかしながら、こうした儀礼の存続のなかで、消えてしまった儀礼も少なくない。他方で、クリスマスやバレンタインデーは新しい行事で、戦後日本社会に定着した。伝統的な儀礼の中に新しい儀礼文化が生まれたと考えれば、日本の儀礼文化は変容したともいうことができる。

＊続きはQRコードから読めます。

（石井研士『日本人の一年と一生──変わりゆく日本人の心性』春秋社）

仏　教

●釈迦の生涯と思想

　仏教は世界宗教のひとつです。長い歴史的変遷を経て、今日の日本にも影響力を持っています。何気ない言葉や、日常行われる行為や儀礼の中に、仏教は深く浸透しています。仏教を説いた釈迦の生涯と思想、そしてその宗教的世界をみることにしましょう。

　釈迦は紀元前566年（生年には諸説があります）、インド・ネパール国境沿いの小国カピラバストゥを支配していた釈迦族の王子として生まれました。名前をゴータマ・シッダールタといいました。今日一般的に釈迦と呼ばれるのは彼の本名ではなく一族の名前です。父親の名はシュッドーダナ（浄飯王）、母親はマーヤー（麻耶）です。ところが母親はシッダールタを産んで7日目に亡くなってしまい、以後は叔母のマハープラジャーパティーに育てられました。

　小国とはいえ王子ですから、釈迦は何不自由ない生活を送ったようです。ところが幼くして母親を亡くしたせいでしょうか、内向的な性格だったといわれます。釈迦が出家する以前に、四門出遊という有名な話があります。釈迦が城の東・西・南・北の門から外出すると、老人、病人、死者、出家者に遭遇します。釈迦は人生の無常を感じ、出家への意向を強めたといわれます。

　29歳になって釈迦は出家を決意します。夜、愛馬カンタカと御者チャンダカを従えて城を脱出します。妃のヤショーダラーと子のラーフラを置いての出家でした。それから6年間、釈迦は苦行に励みます。しかしながら苦行の無益さを知って苦行生活を捨てます。村娘スジャータの乳粥で体力をつけた釈迦は、菩提樹のもとで瞑想に入り、大悟したのでした。釈迦が36歳のことです。

　最初の説法は鹿野園（ろくやおん）で5人の比丘（びく）（修行僧）に対して行われました。その後、拝火外道（はいかげどう）（火を拝む宗教）のカーシャパ3兄弟とその弟子たちが帰依し、さらに、シャーリプトラ（舎利弗）、マハーマウドガリヤーヤナ（目連）、マハーカーシャパ（摩訶梼葉）、アーナンダ（阿難）、ウパーリ（優波離）、ラーフラ（羅順羅）など、のちに十大弟子といわれる人たちが釈迦のもとに集まり、マガダ国の国王ビンビサーラの寄進した竹林精舎や、コーサラ国の竹林精舎を中心に活動しました。

　釈迦は45年間布教に歩き、故国へ向かう旅立ちの途中クシナガラで80歳の生涯を閉じました。釈迦の最後の言葉は「すべては移ろいゆく。怠らず精進（しょうじん）せよ」であったと伝えられています。

●中道・四諦

　釈迦の教えの出発点となったのが中道でした。釈迦は釈迦族の王子として何不自由ない生活を送りました。しかしながら釈迦は出家に際して欲楽に耽る生活を棄てて苦行の生活に入りました。ところが苦行によっても真理に到達することができないことを知って、苦行も否定します。つまり、どちらにも偏らない中道を進むことが悟りに至る道であることを示したわけです。

　四諦（したい）とは釈迦の説いた人生のあり方に関する4つの真理のことです。4つの真理とは苦諦（くたい）、集諦（じったい）、滅諦（めったい）、道諦（どうたい）の4つを指しています。

　苦諦とは苦しみの真理のことです。釈迦によれば、この世は苦しみの連続です（一切皆苦（いっさいかいく））。老いることは苦しみであり、病を得るのも苦しみです。そして最後には死んでしまいます。しかしながらこの苦しみの連鎖は死で終わるのではなく輪廻（りんね）によって再び生まれてきます。人間は悟りによってこの連鎖から解き放たれない限り、生老病死（しょうろうびょうし）を繰り返します。この4つの苦し

開　祖	釈迦（ゴータマ・シッダールタ）
聖　典	律蔵、経蔵、論蔵など、宗派により多数あり
主な宗派	宗派仏教、大乗仏教、密教
主な地域	東アジア、東南アジア
宗教人口	約3億6000万人

みを四苦といいます。

他にも苦しみがあります。どんなに愛し合っていても、いつか別れなければならない苦しみがあります（愛別離苦）。怨みある者と顔を合わせたくないと思っても、どうしても会わなければならない苦しみがあります（怨憎会苦）。求めても得られない苦しみがある（求不得苦）、そして執着を離れない人生はすべて苦しみである（五取蘊苦）。これらの苦しみを四苦と併せて四苦八苦といいます。

では、なぜこうした苦しみが集まってくるのか、これを考えるのが集諦です。苦しみが集まるのは人間の中にある欲望によります。感覚的な欲望（欲愛）、もっと生きていたいという願い（有愛）、そして死んでしまいたいという欲望（無有愛）があります。こうした欲望は煩悩の炎となって燃えさかります。それではこの煩悩を取り除くためにはどうしたらいいのでしょうか。これが苦しみを滅ぼす真理、煩悩を滅した状態は寂静なる涅槃であるという真理、滅諦です。

しかしながら、煩悩を滅ぼすことはひじょうに困難です。そこで涅槃へと至る道は正しい実践行にあるという真理、八正道が必要になります。

●八正道と縁起

八正道は八支聖道と書かれることもあります。8つの部分からなる聖なる道の意味で、涅槃に達するための8つの正しい実践行のことを表しています。8つとは、(1) 正見、(2) 正思惟、(3) 正語、(4) 正業、(5) 正命、(6) 正精進、(7) 正念、(8) 正定のことです。

(1) 正見とは正しいものの見方、正しい見解のことで、仏教の正しい世界観、人生観を意味しています。そうした智恵を体得しなければな

りません。(2) 正思惟は正しい考え方、正しい心構えのことで、自分が何もので何をなすべきかを考えなければなりません。(3) 正語はいつわりのない言語行為のことです。嘘・偽り（妄語）、わるぐち（悪口）、人の中傷（両舌）、無駄口（綺語）を行ってはいけません。(4) 正業は正しい行為のことで、殺生、偸盗、不倫など誤った行いをしてはいけません。(5) 正命は正しい生活のことで、身口意の三業を正し規則正しい生活をします。(6) 正精進は正しい努力、(7) 正念は正しい集中力、正しい意識のことで、自分や他人の立場に細心の注意を払って生きることです。(8) 正定は正しい禅定のことで、精神を安定させ物事をしっかりと見極めます。こうした8つの実践を通じて涅槃へと到達することができると釈迦はいいます。

縁起は仏教における真理を表す言葉のひとつです。正確には因縁生起といいます。ところで、仏教では世界は神によって作られたとは考えません。世界のあらゆる現象は現象間の相互の関係、つまり因縁によって作られたと考えます。すべての現象は絶えず生まれては消えていくもので、不変的なもの、固定的なものはありません。仏典では「これあればかれあり。これなければかれなし。これ生ずるがゆえにかれ生じ、これ滅するがゆえにかれ滅す」と述べられています。

釈迦の説いた縁起説は、無我や空の思想の理論的根拠といわれます。すべてのものは一刻も同じ所にとどまることなく生々流転を繰り返しています。そこにはヒンドゥ教でいう実体的で固定的な自己アートマンは存在しません。移ろいゆく世界に執着することなく、真理を悟ることができれば、涅槃寂静の世界にいたることができるというわけです。

キリスト教

●イエスの生涯と思想

キリスト教を端的に説明しようとすれば「イエスを神の子キリストと信じる宗教」ということになります。イエスは実際に存在した歴史上の人物です。「イエス」という名前自体はユダヤ人の間で広く採用されていたごく普通の人名です。ですからキリスト教は、実際の人物イエスを神の子キリストと信じる宗教ということになります。

イエスがガリラヤのナザレで生まれたのはB.C. 4〜7年頃のことです。父親は大工のヨセフ、母親はマリアといいました。その後、イエスが宗教的な覚醒を体験するまでの時期については、ほとんどわかっていません。イエスは30歳頃、ヨルダン川でヨハネから洗礼を受けました。その時イエスは「天が開け、聖霊が自らに降る」体験をします。宗教者としての自覚を得たイエスは、荒野での悪魔の誘惑を退け、人々に神の国の福音を説くようになります。

イエスの説く神の国とは神が王として支配している世界のことです。神の国は神の愛の現れであり、完全に実現するのは世の終わりの時ですが、イエスの出現によって地上に実現されつつある国でもあります。イエスの言うことを信じて神の愛を受け入れ、自らの罪を悔い改めることができれば、だれでも神の国に入ることができます。この良き知らせこそが福音です。

ユダヤ教の三大祭りのひとつ過越の祭りの日に、イエスはエルサレムに上りました。ところがユダヤの支配者たちは、イエスがユダヤ教の神殿を批判するなどの振る舞いに腹を立て、イエスをローマ当局に王位を名乗った者として訴え出ました。その結果、ローマのユダヤ総督ピラトによって政治的反逆者と認定され、ゴルゴダの丘で十字架刑に処せられたのでした。

弟子たちは落胆しました。イエスがユダヤ民族の栄光をもたらす救世主ではないかと考えていたからです。イエスは宗教的覚醒を経て数年間で亡くなってしまったのでした。ところが不思議なことが起こりました。マテオという町へ出かけた2人の弟子がイエスに会ったのでした。さらにはエルサレムにいた弟子たちの前でイエスは復活したのでした。

イエスの復活によって、十字架上での死は、たんなる死以上の意味を持つようになりました。キリスト教ではイエスの十字架上での死を贖罪という概念で捉えています。贖罪とは文字通り「罪を贖う」ことを意味しています。イエスの十字架上の死はたんなる犠牲や殉教の死ではありません。イエスは人間の罪を背負って神と和解させるために、自らは罪なくして死んでいったのでした。人間は、神の手によって無垢な状態で創造されました。しかしながら楽園におけるアダムとイブの原罪によって罪ある存在へと堕したのでした。イエスの死はこの罪を贖い、人類を再び無垢な状態へ戻そうとする行為と考えられました。

ですから、イエスの死の解釈を大きく変えさせることになった復活の意味はひじょうに大きなものと考えられています。私たち日本人からすると、キリスト教の一番重要なお祭りはイエスの誕生を祝うクリスマスではないかと思われるかもしれません。しかしながらキリスト教徒の方々にとっては、クリスマスよりもイースター（復活祭）の方が意味深いのです。イエスの生涯に関する記述が見られる4つの福音書の中には、イエスの誕生に言及していないものもあります。しかし、復活に触れていない福音書

開　祖	イエス・キリスト
聖　典	旧約聖書、新約聖書
主な宗派	東方教会（正教会）、カトリック、プロテスタント
主な地域	ヨーロッパ、南北アメリカ、アフリカ
宗教人口	約20億人

はありません。

イースターは毎年春分を過ぎてからの満月の後の日曜日（イースター・サンデー）に祝われています。テレビでアメリカのイースターの様子が放送されることがあります。人々がカラフルに装飾された卵を持って行進したり、教会に出かける光景が映し出されます。卵は復活の象徴と考えられていて、復活祭当日の朝にイースター・エッグといって卵を食べたり、色を塗ったゆで卵を贈り合う習慣があるためです。

●カトリックとプロテスタントはどこが違う

同じキリスト教なのに、カトリックとプロテスタントはどこが違うのでしょうか。

カトリックで拝む神もプロテスタントで拝む神も同じ「神」です。父なる神と子なるイエスと聖霊が三位一体であると説く神学も一緒です。呼び方がイエズスとイエスで異なりますが、主イエス・キリストも同じです。「祈り」の項目に記した「主の祈り」も同じです。聖書も大体同じです。大体というのは、カトリックの聖書には注釈がありますが、プロテスタントの聖書には見あたりません。後で述べるように理由があってのことです。

両者が決定的に異なっているのは歴史的な経緯です。プロテスタントは16世紀になって宗教回帰の結果生まれたキリスト教です。マルティン・ルターは1517年にウィッテンベルク城の教会の扉に 贖宥の効力に関する「95か条提題」を貼りました。プロテスタントはカトリック教会にプロテスト（反抗）することから始まったわけです。ルターが当時のカトリック教会に疑問を持ちながら自らの信仰として明らかにしたのは、「信仰のみ」「聖書のみ」ということでした。

ルターは、人が救済されるのは個人の内的な信仰によるのであって、教会での儀礼を受けることによってではないと考えました。個人は本人の信仰によって救われます。個人が救済されるための根拠は神の言葉としての聖書の中にあります。こうした理解は、ひじょうにラディカル（過激）です。カトリックでは特別な知識と訓練を受けた聖職者が教会で行う特別な儀礼によって初めて個人は救済されるからです。

そうすると教会の意味は双方で大きく異なることになります。プロテスタントにとって教会とは目に見えない信仰によって結ばれた信者を意味します。他方カトリックにとって教会は、キリストによる救いの業を人々に与えるための場所です。キリストの教えを伝え、7つの秘蹟によってキリストとの結びつきを行う場所ということになります。

聖職者をどう考えるか、聖職者のあり方も大きく異なっています。プロテスタントの場合には聖職者のことを牧師と呼んで、カトリックでは神父と呼びます。呼び方以上に実態は異なっています。牧師は結婚して家庭を持っていますが、神父は一生独身で過ごします。プロテスタントは、カトリックの神父に課されている聖職者の独身制や、一般に特権的な身分としての聖職者を否定します。いわゆる「万人祭司主義」といわれるもので、すべての信徒が司祭であると考えます。それではなぜ神父は生涯独身であることを誓うのでしょうか。それは独身を保つことが、神に近づくためのもっとも望ましい道だからです。またこの道はイエスの通った道でもあります。

イスラーム

●ムハンマドの生涯と思想

近年イスラーム勢力の拡大が国際的な問題となっています。ニューヨークの世界貿易センタービルでのテロなどの事件だけでなく、先進諸国の、しかも大都市でムスリムの増加が指摘されています。

イスラームは、アラビア語でアッラーと呼ばれる唯一絶対神に服従することを誓う宗教です。イスラム教とか回教と書かれることもありますが、イスラーム自体に「アッラーの教え」という意味があるので「教」を繰り返す必要はありません。

この唯一神の教えは、7世紀にムハンマドという人物を通して明らかにされました。ムハンマドが聞いたアッラーの教えを集めたものが聖典『クルアーン』です。

アッラーは万物の創造神で、森羅万象を超越した神です。アッラーは人間を導くために預言者を使わし、戒律と規則を人間に与えました。そしてアッラーによって選ばれた最後の預言者がムハンマドです。アッラーは、ムハンマド以前にも、ノア、イブラーヒーム、モーゼ、イエスなど多くの預言者を地上に送りましたが、こうした預言者の最後の預言者として選ばれたのがムハンマドでした。

預言者ムハンマドは570年8月20日にアラビア半島のメッカで生まれました。父親はアブドゥッラー、母親はアミーナといいましたが、アブドゥッラーはムハンマドが生まれる6か月前に死亡し、母親のアミーナも6歳の時に亡くなっています。その後、母方の祖父に養育されますが、この祖父も8歳の時に亡くなりました。そして彼は叔父のアブー・ターリブにひきとられたのでした。青年期のムハンマドに関しては

よくわかっていません。叔父のアブー・ターリブはキャラバンを組んで荷物を運搬する仕事をしていました。ムハンマドも叔父を手伝って二度シリアに出かけたことがあるといわれています。

25歳の時に、無学で貧しい青年ムハンマドは一大転機を迎えます。それはハディージャとの結婚でした。ハディージャは当時40歳で、二度夫を亡くしていましたが、夫の残した事業を経営して成功していました。またハディージャは、メッカの名門の出身でした。ハディージャは誠実なムハンマドを見初め、自ら結婚してくれるよう頼んだのでした。

ムハンマドは、メッカの郊外にあるヒーラの洞窟で瞑想にふけるようになります。そして610年頃、彼が40歳の時に洞窟で突然「イクラア（読め）」という声を聞いたのでした。驚くムハンマドが何を読むのかと聞いたところ、大天使ガブリエルは彼に『クルアーン』の最初の啓示を伝えたのでした。

ムハンマドの布教は、妻のハディージャ、いとこのアリーをはじめ身近な人から始まりました。最初の啓示から3年たったときに、アッラーはムハンマドに布教を公開して行うよう告げたのでした。こうして伝統的なアラブの宗教と真っ正面から対立することになりました。

メッカを支配していたクライシュ族は、ムハンマドら布教者に迫害を及ぼしました。その結果活動の拠点をいったんメッカの北方300 kmのところにあるメディナに移します。これがヘジラと呼ばれるもので、イスラーム暦はヘジラの行われた622年を元年にしています。

当時、なぜ急速にムハンマドの教えに従う者が増えたかについて、イスラーム研究者のモン

ゴメリー・ワットは、社会的な矛盾を感じた多くの若者が従ったからだと指摘しています。当時メッカは商業都市として急速な発展を遂げており、そのために貧富の差はいっそう広がっていったようです。こうした社会的矛盾を強く感じたのが若者だったということになります。以後、ムハンマドの運動は拡大していきましたが、ムハンマドは632年に亡くなっています。

　預言者ムハンマドの言動はハディースと呼ばれる伝承集になっています。ムスリムたちはアッラーの教えが体現されているハディースを行動の規範として重要視しています。イスラーム世界では、クルアーンとハディースから類推する（キヤース）ことによって神の意図が論理的に引き出されると考えます。

●ムスリムの義務：信仰の五柱

　クルアーンはイスラームの信仰の基盤と、ムスリムが守るべき儀礼を六信五行として規定しています。「六信」とは、アッラー、預言者たち、啓典、天使、審判の日、天命のことです。そして「五行（五柱とも書きます）」こそ、ムスリムであれば誰でも守らなければならない、そして他のムスリムといっしょに行う、宗教共同体の一員であることを自覚する行為なのです。

　「五行」は、信仰告白（シャハーダ）、礼拝（サラート）、喜捨（ザカート）、断食（サウム）、そして巡礼（ハッジュ）の5つです。信仰告白とは「アシュハド・アン・ラー・イラーハ・イッラッラー、アシュハド・アンナ・ムハンマダン・ラスールッラー（アッラーのほかに神はなく、ムハンマドはアッラーの預言者であることを、私は証言する）」と唱えることで、これを心から唱えれば誰でもムスリムとして認められることになります。サラートは、毎日行う5回の礼拝のこ

とです。

　喜捨は、毎年その人の年間所得と財産から一定の割合で金銭や現物を献納することを意味します。断食はラマダーン月に行われるアッラーの教えに対する純粋な服従を表す行為です。そして巡礼は、メッカへの巡礼で、ムスリムであれば健康と経済が許す限り、一生に一度はメッカのカァバ神殿に巡礼しなければなりません。

●スンナ派とシーア派

　スンナ派とシーア派はイスラームを代表する二大勢力です。スンナ派は、イスラーム共同体の圧倒的多数で約90％を占めるといわれます。他方シーア派はイスラーム世界のもっとも主要な分派です。しかし両派の間で基本的な教義や儀礼に根本的な相違はありません。

　シーア派は「アリーの一党」を意味しています。預言者ムハンマドが亡くなった後、後継者カリフには、アブー・バクル、ウマル、ウスマーン、そしてアリーが就きましたが（正統カリフ時代）、その後ムハンマドの直系であるアリーとその子孫を政治指導者として仰いだグループがシーア派です。

　シーア派は独特の教義を持っています。イマーム論（イマームは最高指導者の意味）といわれるもので、イマームは神によって、もしくは先のイマームによって選ばれた無謬の人物で、神と人間とを仲介します。シーア派のムスリムは、イマームとの結びつきによって救済されることになっています。

　イランはシーア派の中でも12イマーム派と呼ばれるグループで、イマームの系譜を12代で止めて、最後のイマームは878年に隠れた状態に入り、未来にマハディ（救世主の意味）となって降臨すると考えられています。

● 資料

第1章	P.8	世界の宗教人口・地区別編	http://www.koubundou.co.jp/files/00092_01.pdf
	P.16	各辞典の「宗教」の項目	http://www.koubundou.co.jp/files/00092_04.pdf
第2章	P.27	大祓詞全文	http://www.koubundou.co.jp/files/00092_07.pdf
第4章	P.44	伊勢神宮 HP	http://www.isejingu.or.jp/
	P.48	カトリック中央協議会 HP	http://www.cbcj.catholic.jp/jpn/
第5章	P.59	湯殿山総本寺瀧水寺大日坊 HP	http://www.dainichibou.co.jp/sokushinbutu/
第6章	P.71	神社本庁 HP	http://www.jinjahoncho.or.jp/izanai/shinwa/
第9章	P.105	日本カミーノ・デ・サンティアゴ友の会 HP	http://www.camino-de-santiago.jp/
	P.108	熊野那智大社 HP	http://www.kumanonachitaisha.or.jp/
	P.110	ルルド巡礼センター HP	http://www.cybersuds.co.jp/ge/lourdes/
	P.112	西国三十三ヵ所巡礼 HP	http://www.saikoku33.gr.jp/
	P.112	四国八十八ヵ所巡礼公式 HP	http://www.88shikokuhenro.jp/
第10章	P.127	日本宗教学会 HP	http://jpars.org/
第11章	P.134	文化庁宗務課「宗教関連統計に関する資料集」	
		http://www.bunka.go.jp/tokei_hakusho_shuppan/tokeichosa/shumu_kanrentokei/pdf/h26_chosa.pdf	
	P.134	文化庁宗務課編「宗教年鑑 令和元年版」	
		https://www.bunka.go.jp/tokei_hakusho_shuppan/hakusho_nenjihokokusho/shukyo_nenkan/pdf/r01nenkan.pdf	
	P.136	神社本庁 HP	http://www.jinjahoncho.or.jp/
	P.136	教派神道連合会 HP	http://kyoharen.jp/
	P.137	日本宗教連盟 HP	http://jaoro.jp/
	P.137	日本キリスト教連合会 HP	http://www.jccc21.com/
	P.137	全日本仏教会 HP	http://www.jbf.ne.jp
	P.138	新日本宗教団体連合会 HP	http://www.shinshuren.or.jp/
	P.142	世界宗教者平和会議 HP	http://saas01.netcommons.net/wcrp/htdocs/
第12章	P.151	神社本庁 HP「お札のまつり方」	http://www.jinjahoncho.or.jp/iroha/otheriroha/ofuda/

● 引用

第1章	P.13	石井研士『神さまってホントにいるの?』	http://www.koubundou.co.jp/files/00092_03.pdf
	P.17	エリアーデ「世界宗教史」『宗教学文献事典』(奥山倫明)	http://www.koubundou.co.jp/files/00092_05.pdf
	P.17	スマート「世界の諸宗教」『宗教学文献事典』(石井研士)	http://www.koubundou.co.jp/files/00092_06.pdf
第3章	P.40	ファン=ヘネップ「通過儀礼」『宗教学文献事典』(嶋田義仁)	http://www.koubundou.co.jp/files/00092_11.pdf
	P.41	石井研士「正月はテレビの中からやってくる」	http://www.koubundou.co.jp/files/00092_13.pdf
第6章	P.66	渡辺和子「ポニョの海の中と外―初源神話の創出」	http://www.koubundou.co.jp/files/00092_15.pdf
	P.78	平藤喜久子「グローバル化社会とハイパー神話」	http://www.koubundou.co.jp/files/00092_19.pdf
第7章	P.92	石井研士「現代における「よみがえり」考」	http://www.koubundou.co.jp/files/00092_20.pdf
第8章	P.103	石井研士「宗教のバラエティー番組化」	http://www.koubundou.co.jp/files/00092_21.pdf
第10章	P.118	西田幾多郎「善の研究」『宗教学文献事典』(上田閑照)	http://www.koubundou.co.jp/files/00092_22.pdf
	P.119	フロイト「トーテムとタブー」『宗教学文献事典』(堀江宗正)	http://www.koubundou.co.jp/files/00092_23.pdf
	P.120	岸本英夫「宗教学」『宗教学文献事典』(石井研士)	http://www.koubundou.co.jp/files/00092_24.pdf
	P.124	柳田国男「先祖の話」『宗教学文献事典』(福田アジオ)	http://www.koubundou.co.jp/files/00092_25.pdf
	P.124	堀一郎「我が国民間信仰史の研究」『宗教学文献事典』(池上良正)	http://www.koubundou.co.jp/files/00092_26.pdf
	P.124	ティリッヒ「組織神学」『宗教学文献事典』(芦名定道)	http://www.koubundou.co.jp/files/00092_27.pdf
	P.125	オットー「聖なるもの」『宗教学文献事典』(華園聰麿)	http://www.koubundou.co.jp/files/00092_28.pdf
	P.125	デュルケム「宗教生活の原初形態」『宗教学文献事典』(山崎亮)	http://www.koubundou.co.jp/files/00092_29.pdf
	P.126	波平恵美子「ケガレの構造」『宗教学文献事典』(波平恵美子)	http://www.koubundou.co.jp/files/00092_30.pdf
	P.128	シュライエルマッハー「宗教論」『宗教学文献事典』(川島堅二)	http://www.koubundou.co.jp/files/00092_31.pdf
	P.128	ジェイムズ「宗教的経験の諸相」『宗教学文献事典』(堀雅彦)	http://www.koubundou.co.jp/files/00092_32.pdf
	P.129	レヴィ=ストロース「今日のトーテミズム」『宗教学文献事典』(嶋田義仁)	http://www.koubundou.co.jp/files/00092_33.pdf
第11章	P.133	トレルチ「トレルチ著作集」『宗教学文献事典』(安酸敏眞)	http://www.koubundou.co.jp/files/00092_34.pdf
	P.143	井門富二夫「世俗社会の宗教」『宗教学文献事典』(中野毅)	http://www.koubundou.co.jp/files/00092_35.pdf
第12章	P.157	石井研士「日本人の一年と一生―変わりゆく日本人の心性」	http://www.koubundou.co.jp/files/00092_38.pdf

●ワーク解答・解答例

第1章	P.11	第1章ワーク1 解答例	http://www.koubundou.co.jp/files/00092_02.pdf
第3章	P.32	第3章ワーク1 解答	http://www.koubundou.co.jp/files/00092_08.pdf
	P.34	第3章ワーク2 解答	http://www.koubundou.co.jp/files/00092_09.pdf
	P.38	第3章ワーク3 解答	http://www.koubundou.co.jp/files/00092_10.pdf
第5章	P.61	第5章ワーク1 解答例	http://www.koubundou.co.jp/files/00092_14.pdf
第6章	P.68	第6章ワーク1 解答例	http://www.koubundou.co.jp/files/00092_16.pdf
	P.72	第6章ワーク2 解答例	http://www.koubundou.co.jp/files/00092_17.pdf
	P.72	第6章ワーク3 解答例	http://www.koubundou.co.jp/files/00092_18.pdf
第12章	P.149	第12章ワーク1 解答例	http://www.koubundou.co.jp/files/00092_36.pdf
	P.154	第12章ワーク2 解答例	http://www.koubundou.co.jp/files/00092_37.pdf

●参考文献

宗教に関しては、多くの辞典、事典があります。代表的な著作を挙げておきますので、参考にしてください（130頁も参照）。

『世界宗教大事典』山折哲雄監修、平凡社、1991年

『図説世界の宗教大事典』荒木美智雄・田丸徳善監修、ぎょうせい、1991年

『世界神話事典』大林太良・伊藤清司・吉田敦彦・松村一男編、角川書店、1994年

『日本宗教事典』小野泰博ほか編、弘文堂、1985年

『神道事典』國學院大學日本文化研究所編、弘文堂、1994年

『仏教文化事典』菅沼晃・田丸徳善編、立正佼成会、1989年

『新カトリック大事典』上智学院新カトリック大事典纂委員会編、研究社、1996年

『新宗教事典』井上順孝・中牧弘允・孝本貢・西山茂・対馬路人編、弘文堂、1990年

『日本民俗大辞典』福田アジオほか編、吉川弘文館、1999年

●写真提供（五十音順）　Wikimedia commons　　　　世界宗教者平和会議日本委員会事務総局
　　　　　　　　　　　　熊谷元一写真童画館　　　　浅草寺
　　　　　　　　　　　　建仁寺　　　　　　　　　　野呂山知足庵
　　　　　　　　　　　　河野利彦　　　　　　　　　湯殿山注連寺

著者● 石井　研士　いしい　けんじ

國學院大學神道文化学部教授、博士（宗教学）

1954年生まれ。東京大学人文科学研究科宗教学宗教史学博士課程修了。
東京大学文学部助手、文化庁宗務課専門職員を経て現在に至る。

著作

『銀座の神々－都市に溶け込む宗教』新曜社、1994年
『社会変動と神社神道』大明堂、1998年
『結婚式－私たちの幸せの形』日本放送出版協会、2005年
『増補改訂版　データブック　現代日本人の宗教』新曜社、2007年
『宗教学文献事典』弘文堂、2007年（共編著）
『テレビと宗教』中公ラクレ、2008年
『神さまってホントにいるの？』弘文堂、2015年
『渋谷学』弘文堂、2017年
『日本人の一年と一生－変わりゆく日本人の心性　改訂新版』春秋社、
2020年
『魔法少女はなぜ変身するのか―ポップカルチャーの中の宗教』春秋社、
2022年
『現代日本人の一生』弘文堂、2022年
『メディアと宗教』弘文堂、2024年　他

プレステップ宗教学〈第3版〉

2010（平成22）年4月15日　初　版1刷発行
2015（平成27）年3月30日　　同　　8刷発行
2016（平成28）年2月15日　第2版1刷発行
2019（平成31）年2月28日　　同　　6刷発行
2020（令和2）年3月30日　第3版1刷発行
2024（令和6）年4月15日　　同　　7刷発行

著　者　石井　研士

発行者　鯉渕　友南

発行所　株式会社　弘文堂　101－0062　東京都千代田区神田駿河台1の7
TEL 03（3294）4801　振替00120－6－53909
https://www.koubundou.co.jp

デザイン・イラスト　高嶋良枝
印　刷　三報社印刷
製　本　三報社印刷

ISBN978-4-335-00152-9